힘내라
논 술
2025

논술
캠프

힘내라 논술
2025

인문사회계열편

리강 지음

책을 펴내며

논술과 인연을 맺은 세월이 벌써 30년을 넘어간다. 그동안 서울, 대전, 대구, 부산, 울산 등 여러 지역에서 무수한 학생들을 만났다. 주로 서울 소재 대학들이 논술 전형을 시행하다 보니, 본의 아니게 '인-서울' 대학 합격생을 많이 배출하기도 했다. (그 수가 몇 백 명인지 이제는 헤아릴 수도 없다.)

나는 왜 이렇게 오랫동안 논술 교육에 종사하게 되었을까 돌아본다. 두 가지 생각이 떠오른다. 첫째, 논술을 가르치는 것이 내 삶의 큰 의미와 보람이 되었다. 내게서 배워 논술 전형으로 원하는 대학에 가는 학생들을 보는 것이 내 삶의 가장 큰 낙이다. 둘째, 논술 덕분에 내가 오히려 더 많은 것을 배우게 되었다. 논술 강의를 준비하면서 동서양의 철학을 두루 공부할 수 있었고, 더 좋은 삶을 위한 다양한 지혜와 지식을 섭렵할 수 있었다.

내가 논술 공부를 통해 얻은 영감과 경이로움을 독자들과 기께이 나누고 싶다. 특히 바라는 대학에 논술 전형으로 들어가고 싶은 학생들에게 최대한의 도움을 주고 싶다. 그리고 지금 논술 전형을 선택할지 말지 고민하는 수험생들, 학생들에게 논술 전형을 권할지 말지 망설이는 교사와 학부모들, 그리고 나와 마찬가지로 논술 교육에 종사하고 있는 동료 교사들에게도 이 작은 책은 틀림없이 도움이 될 것이라고 믿는다.

모두에게 행운이 함께하기를 빌며.

봄비 내리는 구산 아래에서

리강

차례

2부 논술 문제의 출제 원리 알기

❶ 논술을 잘하려면 왜 철학 공부가 꼭 필요할까?

❷ 논술로 한양대 들어가기

❸ 논술 문제는 어떤 과정으로 만들어질까?

3부 논술 시험, 완벽 대비하기

❶ 합격하는 분석형 답안은 어떻게 쓸까?

❷ 합격하는 비판형 답안은 어떻게 쓸까?

❸ 합격하는 대책형 답안은 어떻게 쓸까?

❹ 적합한 '논리 구조' 찾기

프롤로그

"대학에서 제시하는 모범 답안처럼 쓰면 떨어진다!"

이 무슨 최첨단 엽기 발언인가? 안타깝게도 『힘내라 논술 2025』에서도 이 엽기 발언은 여전히 유효하다. 32년이 지났는데도 이 말은 점점 더 진리가 되어 간다. 그런데도 이런 엄청난 사실을 알고 있는 수험생은 별로 없다. 이런 사실을 모른 채 논술에 도전하는 수험생은 무수히 많다.

실제로 논술 경쟁률은 거듭 높아만 간다. 다른 전형은 높아 봐야 10:1 안팎인데, 논술 경쟁률은 100:1, 200:1인 경우도 쉽다. 똑같은 수도권, 인-서울 대학인데도, 논술 전형과 그 외 전형 경쟁률 차이는 아주 심하다. 하지만 명목상 경쟁률이 높다고 실질 경쟁률도 그렇다고 생각해선 안 된다. 대부분의 논술 응시생이 "모범 답안처럼 쓰면 떨어진다."라는 진리를 모른 채 도전하기 때문이다.

"모범 답안처럼 쓰면 떨어진다. 모범 답안처럼 써선 안 된다." 이런 말을 들으면 수험생 처지에선 난감하기만 하다. 그래서 이렇게 반문할 수 있다. "아니, 대학에서 제시하는 모범 답안을 못 믿으면, 도대체 뭘 믿으란 말인가? 모범 답안처럼 안 쓴다면 어떻게 써야 한단 말인가?"

생각해 보자. 논술 선발 인원이 500명이고, 경쟁률이 100:1이라면 응시생은 무려 5만 명이나 된다. 그중 500명이 합격하고 4만 9천 5백 명이 떨어진다. 그런데 32년째 논술 전형이 시행되다 보니, 웬만한 수험생이면 대부분의 논술 관련 정보를 취득한다. 특히 자신이 지원한 대학의 모의고사와 기출 문제 정도는 충분히 훑어본다.

그중에서도 대학에서 제시하는 모범 답안은 수험생들의 최애 '득-템' 감이다. 모든 수험생이 모범 답안을 보고 몇 번이나 따라 쓴다. 마치 모범 답안처럼만 쓰면 합격할 수 있다고 굳게 믿으며…. 그러니 누구나 모범 답안 비슷하게 쓸 수 있는 능력을 장

착한다. 결국 응시생 5만 명 중 거의 대부분이 천편일률적으로 모범 답안의 짝퉁(?) 답안을 제출한다.

대학의 논술 채점자가 무수한 모범 답안 짝퉁(?)을 마주하면 어떤 기분이 들까? 채점하려고 답안들을 펼쳤더니, 모범 답안과 비슷하긴 한데 뭔가 함량 미달인 답안이 쓰레기처럼 쏟아지지 않나? 5만 명 대부분의 답안이 모범 답안을 흉내 내고 있지만, 흉내만 낼 뿐 학생 자신의 진정성이 담긴 글을 발견할 수 없으니 이 일을 어찌해야 할까? 만약 그중 한 명을 합격시키게 되면, 같은 기준으로 5만 명 전체를 합격시켜야 할 판국이다.

그러나 자세히 보면 그 답안들이 막상 학생 자신의 분석력, 비판력, 창의력 등을 제대로 드러내지는 못한다. 오로지 모범 답안을 따라 써야겠다는 생각에만 매몰되다 보니, 자신만의 관점에서 분석하거나 비판하거나 대책을 세우진 못한다. 그러니 결국 모범 답안처럼 쓰면 떨어질 수밖에….

이 사태 뒤에는 더욱 심각한 착각과 오해가 숨어 있다. 사실 논술 기출 문제나 모의고사의 모범 답안은 과거의 것일 뿐이다. 1년이 되었든, 10년이 되었든 과거는 과거다. 과거에 그 대학에서 나왔던 문제가 다시 나올 확률은 도대체 얼마나 될까? '과거'

문제의 모범 답안을 열심히 베껴 봤자, '미래'의 논술에 어긋나서 별반 도움이 되지 않을 것은 뻔하다.

그런데도 논술을 준비하는 학생들 대부분이 그 대학에 합격하려고 그 대학의 기출과 모의 문제만 열심히 들여다본다. 그리고 모범 답안을 마치 보물 다루듯이 품는다. 그러니 또 이런 질타를 더 해야겠다. "A 대학에 논술로 합격하겠다고, A 대학의 기출과 모의 문제만 마구 풀어대다간 결국 A 대학에 떨어지고 만다."

차라리 A 대학에 합격하고 싶으면 A 대학 외의 대학의 기출과 모의 문제를 풀어 보아야 한다. B, C, D… 대학에서 나온 논술 문제가 장차 A 대학에서 나올 가능성이 훨씬 더 높기 때문이다. 30년 동안 출제된 논술 문제를 종합해서 분류해 보면 이 점은 확실하다.

이제 어찌해야 할까? 모범 답안도 못 믿고, 기출 문제나 모의 문제도 못 믿는다면 무얼 믿고 논술을 준비할까?

처음부터 다시 차근차근 생각해 보자. '나'의 논술 준비 방법론엔 무슨 잘못이 있었나? 그리고 어떻게 해야 '올바른 방법'을 찾을 것인가? 결론부터 말하자면, 더 부지런해야 한다는 거다. 가고 싶은 대학의 기출이나 모의 문제만 좀 풀고 합격하려는 안이하고도 게으른 생각을 하루빨리 버려야 한다. 대학에서 제시하는 모범 답안만 흉내 내고 합격할 수 있다면, 참 쉽다. 현실은 그리 호락호락하지 않다. 노력하지 않는 사람에게 쉽게 보상을 주지 않는다.

오직 논술에만 '올인'하라는 건 아니다. 적어도 논술 전형으로 대학에 합격하고자 한다면, 지금보다는 더 많은 시간과 에너지를 투자해야 한다. 그래야만 '남다른' 논술 답안을 제출하고, 너끈히 합격할 수 있다.

논술 전형을 준비하는 '좋은 방법'은 무엇일까? 논술에 자주 나오는 주제들과 문제 형식, 시험 시간 같은, 겉으로 드러난 요소들을 잘 알아야 하는 건 물론이다. 그러나 숨어 있는 디테일, 수험생 대부분이 미처 몰랐던 '꿀팁', 문제 유형별 비법 등도 샅샅이 알아 두어야 한다. 각 대학이 논술 문제 안에 파 놓은 '함정'도 제법 많다. 최소한 그런 정도는 알고 있어야 기본적 준비가 된 거다.

이 점은 논술 전형의 '공정성' 문제와도 연관된다. 만약 특정

소수만 '꿀팁'과 비법을 알고 그 사람만 논술로 합격한다면, 이 제도는 결코 공정하지 못하다. 절대 다수 수험생이 '함정'에 빠질 때, 특정 소수만 그 함정을 무사히 피해 대학에 합격하는 것은 불공평하다.

그러니 논술 전형에 숨은 '꿀팁', '비법', '함정'은 모두에게 공개되어야 한다. 그래야만 논술 제도가 비로소 민주공화국에 걸맞는 바람직한 제도로서 정착할 수 있다. 이 점이 바로 내가 이 책을 쓰는 결정적 동기다. 대한민국 논술 시험에서 더 이상 감춰진 '꿀팁', '비법', '함정'이 없을 때까지, 『힘내라 논술』은 계속 나와야 한다.

1부

2025 논술 전형으로 대학 들어가기

❶ 논술 전형으로 대학에 들어갈 수 있을까?

논술 전형으로, 원하는 대학에 들어갈 수 있을까? 이 물음에 답하기 전에 먼저 논술 전형 외의 전형들부터 알아볼 필요가 있다. 다른 전형과 논술 전형을 비교해 봐야 논술 전형의 이점과 특징을 알 수 있으니 말이다. 논술 전형과 비교해 봐야 할 것으로는 학생부 교과 전형, 학생부 종합 전형, 그리고 정시 전형 등이 있다.

1. 학생부 교과 전형

학생부 교과 전형이란 무언가? 말 그대로 학생부의 교과 성적을 중심으로 평가해서 학생을 선발하는 전형이다. 내신 성적 중

교과 성적이 절대적인 비중을 차지한다. 따라서 특목고나 자사고 출신 학생들에게는 불리하다. 고교 유형, 동아리나 독서 활동 등 비교과 영역을 반영하지 않는 대학이 많기 때문이다. 그나마 고려대, 성균관대, 건국대, 동국대 등은 교과 성적 외의 서류를 20~30% 반영하기도 한다.

반대로 일반고 학생 중 상위권 학생일수록 유리하다. 오로지 교과 성적만으로 선발하겠다는 취지이므로, 내신 1등급이나 2등급 학생들에게 절대적으로 유리하다. 사실상 '그들만의 리그'다.

전국의 고등학교가 2천여 개다. 그러므로 '전교 1등'이 2천 명인 셈이다. 이 범위를 1등급, 2등급으로 확대해 보라. 이미 답이 나오지 않나. 이 전형에 지원할 전국의 고등학생이 2만 명은 되리라. 게다가 재수, 삼수생도 응시할 수 있으니 어마어마하다. 그런데 '인-서울' 대학에서 학생부 교과 전형으로 뽑는 학생 수는 불과 5천여 명이다. 못해도 경쟁률은 10 대 1은 된다. 내신 3등급 이하는 '인-서울'이 좀 어렵다고 봐야 한다.

게다가 학생부 교과 전형은 점차 학교장 추천 전형으로 바뀌고 있다. 거의 학생 대부분은 학교장 추천을 받아야 지원할 수

▶ 주요 대학 학생부 교과 전형 경쟁률

대학	2024			차이	2023		
	모집	지원	경쟁률		모집	지원	경쟁률
동국대	407	5,653	13.89	-4.61	404	7,473	18.5
건국대	342	3,764	11.01	-6.92	795	14,258	17.93
고려대	679	6,998	10.31	-1.01	870	9,852	11.32
성균관대	402	4,135	10.29	0.07	370	3,783	10.22
서울시립대	228	2,188	9.6	-9.27	194	3,660	18.87
홍익대	313	2,753	8.8	-3.76	290	3,643	12.56
중앙대	416	3,427	8.24	-1.95	419	4,268	10.19
서강대	178	1,439	8.08	-1.38	178	1,684	9.46
한국외대	206	1,541	7.48	-3.41	198	2,156	10.89
경희대	578	4,205	7.28	-4.32	555	6,438	11.6
한양대	338	2,082	6.16	-1.99	336	2,740	8.15
연세대	501	3,067	6.12	0.36	523	3,015	5.76
이화여대	400	1884	4.71	-0.8	400	2,204	5.51

있다. 그러다 보니 내 의지나 소망과는 동떨어져 있다.

표에서 보시다시피 학생부 교과 전형의 경쟁률은 떨어지는 추세다. 성균관대가 2023학년도에 비해 2024학년도가 0.07 오르고, 연세대가 0.36 오른 게 다다. 나머지 대학들은 전부 경쟁률이 떨어졌다.

동국대는 '인-서울' 대학 중 가장 경쟁률이 높아 13.89 대 1이다. 하지만 전년 대비 -4.61로 떨어졌다. 건국대가 11.01 대 1이고, 고려대가 10.31 대 1이며, 성균관대가 10.29 대 1이다. 이 중에서 성균관대를 빼고 건국대는 -6.92나 떨어졌고, 고려대는 -1.01 떨어졌다.

학생부 교과 전형은 아무나 넘볼 수 없다는 걸 학생들이 조금씩 알게 된 듯하다. 우리는 알고 있다, 초·중·고를 다니며 결국 누가 전교 1등을 할는지, 그래서 누가 학교장 추천을 받을 건지. 즉 학생부 교과 전형, 혹은 학교장 추천 전형은 소위 '어나더 레벨'의 학생들만을 위한 전형이란 걸 우리는 잘 알고 있다. 이 전형으로 아무리 선발 인원이 많아도, 아무리 경쟁률이 낮아도 평범한 '나'와는 상관이 없다.

2. 학생부 종합 전형

이제 학생부 종합 전형에 대해서도 알아보자. 학생부 종합 전형은 학생부를 중심으로 종합적으로, 그리고 '정성적'으로 평가하겠다는 취지의 전형이다. 학생부 교과 전형이 교과 성적을 '정량적'으로 평가하는 것과 확연히 구분된다. 따라서 학생부 종합 전형은 교과 전형과 달리, 그 학생의 학업 역량을 평가하는 데, 오로지 교과 성적만을 보지는 않겠다는 것이다.

교과 성적 외에 원점수, 평균, 표준편차, 이수자 수 등을 참고할 수 있고, 이수 과목을 체크할 수도 있다. 게다가 이수 과목에 대해 얼마나 자기주도 학습이 잘 되어 있는지를 반드시 살핀다. 여기에 교과 영역과 간접적으로 연관된 것들, 자율활동, 동아리활동, 진로활동 등 창의적 체험활동(소위 '창·체'라 칭함)을 꼼꼼히 살핀다. 다시 말해서 교과 성적만 좋은 것이 아니라, 평소에 지원하는 학과나 학부의 전공에 얼마나 지대한 관심을 기울였는지를 들여다보고자 한다.

여기서 중요한 것은 이런저런 활동 했다고 과시해선 안 된다는 점이다. (안타깝게도 학생, 학부모 대부분이 이 점을 오해한다.) 온갖 자랑거리를 나열하며 펼쳐놓아 봤자 대학 합격에는 아무런 도움이 안 된다. 중요한 것은 "왜?"이다. 왜 그 활동을 하게 되었는가? 왜 그 활동을 잘하기 위해 하필 이 책과 저 자료를 보게 되었는가? 그런 연구와 고민의 결과로, 왜 그런 결론에 도달하게 되었는가? 거기서 얻은 깨달음과 교훈은 뭔가? 이런 것들을 '창·체'에 드러낼 수 있어야 합격할 수 있다.

학생부 종합 전형에서는 세부능력 및 특기사항(소위 '세·특'이라 칭함)도 본다. 교과 과목 중 특정 과목에 좀 더 깊은 관심을 가지고 깊이 있게 연구해 본 경험이 있는지를 살피는 것이다. 그리고 '창·체'나 '세·특'이나 마찬가지지만 그러한 연구와 고민의 과정에서 얼마나 자기 주도 학습 능력을 발휘했는지도 무척 중요하다. 따라서 여기서도 똑같이 "왜?"는 아주 중요하다.

왜 그 과목, 그 주제에 관심을 가지게 되었는가? 그것을 공부하며 부딪힌 난관은 무엇인가? 그 난관을 극복하기 위해 어떤 노력을 기울였는가? 그 결과는 어떠한가? 그 난관을 극복하는 과정에서 깨달은 바는 무엇인가? 이런 것들은 장차 대학에 들어가서 더욱 중요한 것이므로 당연히 '세·특'에서도 중요하게 살필 항목이다. 왜냐하면 이런 고민과 노력을 할 수 있는 학생이 대학에 가서도 훌륭하게 학업을 수행할 것이기 때문이다.

그 외에도 학생부 종합 전형에서는 독서 이력을 보기도 한다. 자신이 선택한 전공이 철학인데 고교 시절 내내 철학책 한 권 읽지 않았다면, 심사자 관점에서 볼 때 좋은 평가를 할 수 없다. 설사 전공과 관련된 독서 경험이 있더라도 건성으로 읽었다면, 혹은 독해력이 떨어진 독서만 했다면 좋게 평가할 수 없다. 독서 후 사색하고 그 내용을 정리할 줄 아는지가 독서 이력에서 중요하기 때문이다.

여기에다 서류 전형에서 1차 합격했다고 해도 2차로 구술이나 면접을 보는 대학도 있다. 서울대, 연세대, 고려대 등은 무늬만 면접이지 사실상 구술시험을 친다. 구술은 말로 하는 논술이라고 생각하면 된다. 평가자들 앞에서 정해진 문제를 10분 안에 설명하면 된다. 중간에 평가자의 추가 질문이 있을 수도 있다. 즉, 구술은 논술보다 어려우면 어려웠지, 절대 쉽지 않다.

사실상 학생부 종합 전형을 제대로 준비하려면 꼬박 3년이 걸린다. (이 점은 학생부 교과나 수능 위주의 정시 전형도 마찬가지다.) 1학년 때부터 미리 대학과 전공을 정하고, 그와 관련한 '창·체', '세·특', '독서 이력' 등을 3년 동안 꼼꼼히 준비해야 이 전형으로 성공할 수 있다. 거기에다 구술시험 준비는 반드시 덧붙여야 상위권 대학에 입학할 수 있다. (실제로 '대치동'의 유명 컨설팅

회사에서는 이렇게 지도한다.)

경쟁률은 어떠한가? 성균관대가 가장 높다. 2023학년도엔 28.53 대 1이었는데, 2.17이 올라 2024학년도에는 30.70 대 1이다. 다음으로 서강대가 높다. 27.15 대 1이다가 2.54가 올라 29.69 대 1이다. 중앙대의 경쟁률이 가장 많이 올랐다. 3.65가 올라 2024학년도에는 28.35 대 1이다. 2024학년도에 경쟁률이 떨어진 대학은 고려대가 유일하다. 14.09 대 1에서 -1.17 내려 12.92 대 1이다.

학생부 종합 전형의 경쟁률은 교과 전형과 비교하면 월등히 높다. 그리고 해마다 조금씩 경쟁률이 높아진다. 이유가 뭘까? 교과 전형은 1등급, 2등급 학생만을 위한 전형이라고 인식한다. 그래서 괜히 지원했다가 원서비와 수시 지원 기회를 날리는 어리석은 짓을 안 해야겠다고 생각한다. 그런데 학생부 종합 전형은 내신 성적이 낮아도 한 번 해볼 만하다고 생각한다. 교과 성적보다는 전공 적성이나 동아리 활동, 독서 이력 등 정성적 평가를 하기 때문이다.

그러나 이야말로 큰 착각이다. 학생부 종합 전형에 지원하려면 고등학교 진학 초기부터 준비해야 한다. 그때부터 포트폴리

▶ 주요 대학 학생부 종합 전형 경쟁률

대학	2024			차이	2023		
	모집	지원	경쟁률		모집	지원	경쟁률
성균관대	2,341	71,872	30.70	2.17	2,137	60,968	28.53
서강대	1,032	30,638	29.69	2.54	1,030	27,960	27.15
중앙대	2,791	79,118	28.35	3.65	2,788	68,860	24.7
한양대	1,839	48,770	26.52	0.09	1,847	48,815	26.43
경희대	2,896	68,270	23.57	0.67	2,910	66,636	22.90
서울시립대	936	18,305	19.56	1.59	935	16,803	17.97
한국외대	2,093	33,443	15.98	1.39	2,031	29,642	14.59
연세대	2,153	31,479	14.62	1.93	2,110	26,782	12.69
이화여대	2,067	27,806	13.45	0.59	2,099	27,003	12.86
고려대	2,593	33,501	12.92	-1.17	2,533	35,695	14.09
서울대	2,181	19,279	8.84	1.98	2,056	14,108	6.86

오를 짜서, 장차 어느 대학, 무슨 학과에 갈 건지, 그리고 그곳에 입학하려면 어떤 이력을 쌓아야 하는지, 자기소개서에는 어떤 내용을 채울 건지 등을 착실히 준비해야 한다. 고3이 되어 갑자기 '학·종' 전형에 도전하는 것은 무모하기 그지없다.

3. 수능 위주의 정시 전형

마지막으로 수능 위주의 정시 전형에 대해 알아보자. 정시는 당연히 수능 성적 중심으로 선발한다. 내신 성적도 반영하지만, 비중은 미미하다. 그래서 수능 성적이 절대적이다. 그런데 수능 성적을 잘 받기 위해서는 어마어마한 노력이 든다. 3년 내내 수능에 매달리지만, 원하는 결과를 얻는 학생은 그다지 많지 않다. 게다가 내신이 좋다고 수능 성적도 좋다는 보장도 없다.

경쟁률은 어떤가? 2023학년도에 중앙대는 8.31 대 1이었다가, 2024학년도에는 0.52가 올라 8.83 대 1이 된다. 중앙대만 8 대 1 이상의 경쟁률이고, 나머지 대학들은 대체로 6 대 1에서 4 대 1 수준이다. 건국대와 한국외대가 6점대 경쟁률이고, 성균관대와 한양대가 5점대 경쟁률이며, 연세대, 서강대, 동국대, 경희대, 숙명여대, 고려대가 4점대 경쟁률이다.

수시의 기회가 있을 땐 "수시 떨어지면 정시로 대학 가지, 뭐!"하는 어설픈 생각을 갖는다. 막상 수시가 다 떨어지고 나면 마음은 한없이 '쫄아' 든다. 이른바 '현·타'가 오는 것이다. 정시 경쟁률은 바로 이 '현·타'의 반영이다. 어느 대학 할 것 없이 경쟁률이 그다지 높지 않다. 재수는 해선 안 된다는 강박관념이 학생들의 머리를 쥐어짠다.

다만 중앙대와 건국대가 가장 경쟁률이 높다. 수시에서 상위권 대학을 지원했다가 떨어진 학생 다수가 "중앙대 정도는 갈 수 있겠지?"하는 기대 심리가 작용한 듯하다. 2023학년도에는 건국대에 대해서도 이런 기대 심리가 작용해서 경쟁률이 높아진다. 그러다가 2024학년도에는 그 기대 심리가 꺾여 6.99 대 1로 조금 떨어진다. 여타 대학은 대체로 5 대 1 안팎이다. 5명 지원해서 4명 떨어진다.

이게 무슨 의미일까? 정시에는 수능 성적이 절대적 영향을 미치고, 자신의 수능 성적이 어느 대학 무슨 학과 지원하면 되는지 안다면, 왜 이런 높은 경쟁률이 나오는 걸까? (물론 논술 경쟁률에 비하면 낮지만…) 결국 수험생 대부분이 자기성찰 능력이 떨어진다고 볼 수 있다. 내가 그 대학 그 학과에 넣으면 떨어질 것이라는 자기 진단을, 정확하고 냉정하게 하는 학생이 몇 없다는 걸

▶ 주요 대학 정시 경쟁률

대학	2024			차이	2023		
	모집	지원	경쟁률		모집	지원	경쟁률
중앙대	1,962	17,317	8.83	0.52	2,039	16,936	8.31
건국대	1,333	9,322	6.99	-0.64	1,371	10,467	7.63
한국외대	1,411	9,513	6.74	0.17	1,373	9024	6.57
성균관대	1,653	9,306	5.63	1.55	1,518	6,192	4.08
한양대	1,294	6,548	5.06	0.29	1,290	6,151	4.77
연세대	1,695	8,081	4.77	1.05	1,672	6,217	3.72
서강대	642	3,064	4.77	-0.20	628	3,122	4.97
동국대	1,146	5,426	4.73	-0.38	1,126	5,753	5.11
경희대	2,179	10,265	4.71	0.05	2,168	10,111	4.66
숙명여대	1,106	4,970	4.49	0.24	1,096	4,658	4.25
고려대	1,650	6,966	4.22	0.52	1,643	6,078	3.70

알 수 있다. 소망하는 바를 현실에 투사해서, 실제인 듯이 믿어 버리는 일이 많은 것이다.

달리 보면, 내신과 마찬가지로 수능 성적도 3년 전에 상당히 결정된다. 상위권과 중위권, 하위권은 운명과도 같이 정해져 3년을 지나간다. 아주 드물게 중위권이다가 상위권이 된다든가, 하위권이다가 중위권이 되기도 한다. 하지만, 역전의 기회는 그렇게 많지 않다. 그런데도 오직 수능에만 매달리겠다면, 그 무슨 이상한 '집착'인가!

4. 논술 전형의 장점은 무엇인가?

그렇다면 논술 전형은 어떠한가? 여러 가지 장점이 있다.

첫째, 준비 기간이 상대적으로 짧다. 앞서도 말했지만, 학생부 교과든, 학생부 종합이든, 수능이든, 3년을 꼬박 준비해야 한다. 게다가 그렇게 시간과 노력을 투자해도 소기의 성과를 거둘 수 있을지도 의문이다.

하지만 논술은 다르다. 대부분의 논술 준비 기간은 1년 전후

▶ 2024학년도 논술 전형 일자

논술 전형 대학		2024학년도 전형 일자
수능 전	연세대-서울	9.23(토)
	성신여대	9.24(일)
	홍익대	10.8(일)
	가톨릭대	10.8(일)
수능 : 11.16(목)		
수능 후	건국대	11.18(토)
	숭실대	11.18(토)
	성균관대	11.18(토)
	단국대	11.18(토)
	서울여대	11.18(토)
	한국항공대	11.18(토)
	숙명여대	11.18(토)
		11.19(일)
	경희대	11.18(토)
		11.19(일)
	서강대	11.19(일)
	수원대	11.19(일)
	동국대	11.19(일)
	삼육대	11.20(월)
	경기대	11.22(수)
	기술교육대	11.22(수)
	연세대-미래	11.24(금)
	한양대-서울	11.25(토)
	이화여대	11.25(토)

수능 후	세종대	11.25(토)
	경북대	11.25(토)
	부산대	11.25(토)
	고려대-세종	11.25(토)
	동덕여대	11.25(토)
	한국외대	11.25(토)
		11.26(일)
	중앙대	11.26(일)
	광운대	11.26(일)
	덕성여대	11.26(일)
	한국공학대	11.26(일)
	한신대	11.26(일)
	가천대	11.27(월)
	인하대	12.02(토)
	아주대	12.03(일)

이다. 불과 4~5개월밖에 준비하지 않는 학생도 많은 것으로 안다. 그런데도 논술로, 희망하는 대학에 합격할 가능성이 있으니, 이 아니 좋은가?

둘째, 논술에는 역전의 기회가 있다. 내신과 수능은 사실 연동 관계에 있다. 학생부 종합 전형에서 중요한 '창·체', '세·특'도 내신과 연동되는 것은 마찬가지이다. 다시 말해서 내신 성적이 결정되면 그에 따라 수능 성적이나 학생부 종합 성적도 따라서 결정

될 가능성이 높다.

그런데 대부분 학생의 내신 성적은 고1 1학기 중간고사 치고 나면 정해져 버린다. 누가 1등급일지, 9등급일지 정해지는 것이다. 9등급이다가 갑자기 1등급이 될 일은 없다. 5등급이다가 3등급이나 2등급으로 올라가는 경우도 매우 드물다. 결론적으로, 내신이나 수능은 3년 동안 역전이나 기적의 가능성이 거의 없다.

하지만 논술은 다르다. 2010학년도에 내신 8등급인 학생을 한국외대 영문과에 보낸 적이 있다. 2016학년도에는 고교 1학년 때 자퇴한 학생을, 수능 최저 기준이 없는 단국대 사학과에 합격시킨 적이 있다. 2022학년도에도 자퇴생을 세종대 호텔관광경영학부에 합격시켰다. 2023학년도에도 자퇴생을 수능 최저가 없는 경기대 공공인재학부에 합격시켰다. 2024학년도에도 내신이 거의 7등급인데 수능 최저가 없는 한국외대 일본어학과에 합격시켰다.

특히 2023학년도에 합격한 학생은 7월 말에 뒤늦게 논술 공부를 시작해서 10월 중순에 논술 시험을 쳤으니, 불과 3개월 정도 준비한 경우다. 내신이 안 좋아도, 혹은 학교에서 정규 수업을 받지 못하고 자퇴해도, 아무 상관 없이 논술은 대학에 들어갈 수 있는 길을 열어 준다.

셋째, 대학 입학 전형에 있어 든든한 토대가 된다. 논술 전형을 준비한다는 것은 생각하기, 그 생각 정리해서 논리적으로 엮기, 정리한 생각을 적절한 표현으로 글쓰기 등을 준비한다는 것이다. 그런데 이것은 대입의 다른 전형을 위해서도 꼭 필요하다.

학생부 교과나 종합 전형에서 심사 대상인 서류는 이러한 논술적 능력을 바탕으로 작성되지 않으면 안 된다. 1차 합격한 후 2차에서는 면접이나 구술시험을 통과해야 한다. 면접관 앞에서 조리 있게 말하거나 구술하려면 당연히 논술적 능력이 선행되어야 한다.

특히 '인-서울' 상위권 대학은 면접보다는 구술시험을 치는데, 구술은 말 그대로 말로 하는 논술이다. 만약 논술을 미리 준비해 둔다면 이것들을 따로 준비할 필요가 없다. 논술 공부한 데다 약간만 보충하면 면접이나 구술을 충분히 대비할 수 있다.

넷째, 수능 공부에도 직·간접적인 도움을 준다. 수능 국어 비문학 독서 지문과 논술 지문은 상당수가 겹친다. 수능 국어의 독서 지문은 인문·사회·예술·과학·기술 분야로 나눌 수 있는데, 이것들은 곧 논술의 복합적이고 종합적인 지문들의 주제에 부합한다. 게다가 논술에는 문학 지문이 나오는 경우도 흔하다. 논술은 문학작품을 감상하거나 이해하는 능력을 중시하기 때문이다.

그러나 단지 지문이 겹친다는 이유로 논술이 수능에 도움이 된다고 말하는 게 아니다. 논술은 이들 지문에 능동적이고 적극적인 태도로 접근하게 한다. 수능 공부할 때의 접근 태도와는 사뭇 다르다. 5개 선택지 중 정답이 무엇일지 고민하며 '찍기'를 해야 할 때는 소극적이고 수동적으로 문제와 지문에 접근할 수밖에 없다. 그래서 수능 문제와 지문에서 놓치는 바가 적지 않다. 이와 달리 논술처럼 능동적, 적극적인 눈으로 보면, 같은 문제와 지문이라 하더라도 입체적인 이해를 가능하게 한다.

논술 전형으로 대학 들어가기에 좋은 점은 이 밖에도 얼마든지 있다. 하지만 이 네 가지만으로도 지금 당장 논술을 준비해야 할 이유로 충분하지 않나? 한마디로 효과적인 방법으로 입시를 준비하고 싶다면, 반드시 논술 준비부터 하라고 권하고 싶다. 논술 공부는 논술 전형만을 위한 것이 아니니까. 파이팅, 논술!

❷
논술 경쟁률, 어마무시하지 않나?

1. 논술 전형의 높은 경쟁률

많은 학생이 논술 전형의 경쟁률을 보고 기겁한다. 학생부 교과 전형이나 학생부 종합 전형과 비교하면 엄청나게 높기 때문이다. '인-서울' 15개 대학의 경우, 학생부 교과 전형은 2022학년도에 경쟁률이 11.74 대 1이었다가, 2023학년도에는 5,591명 모집에 58,010명이 지원하여 경쟁률이 10.38 대 1로 낮아졌다. 그런데 2024학년도에는 또 낮아진다. 모집 인원 15,208명에 지원 인원 130,669명이니, 경쟁률은 8.59 대 1이다. 학생부 종합 전형은 2022학년도에 12.90 대 1이었다가, 2023학년도에는 13,709명 모집에 179,682명이 지원하여 경쟁률이 13.81 대 1로 소폭 상승한다. 2024학년도에는 좀 더 상승한다. 모집 인원 24,475명

▶ 주요 대학 논술 경쟁률

대학	2024			차이	2023		
	모집	지원	경쟁률		모집	지원	경쟁률
한양대	236	27,033	114.55	6.61	246	26,553	107.94
서강대	175	19,703	112.59	18.01	175	16,551	94.58
성균관대	398	39,158	98.39	-3.53	360	36,690	101.92
중앙대	478	40,642	85.03	5.74	424	33,608	79.26
경희대	483	32,907	68.13	4.19	487	31,138	63.94
건국대	434	23,160	53.36	0.49	434	22,945	52.87
동국대	304	15,749	51.81	-3.79	307	17,070	55.60
이화여대	300	14,839	49.46	12.71	310	11,393	36.75
연세대	355	14,972	42.17	3.2	346	13,483	38.97
숙명여대	217	8,743	40.29	2.01	227	8,689	38.28
한국외대	486	18,547	38.16	3.16	473	16,553	35.00

으로 늘었는데도, 지원 인원이 373,488명으로 크게 늘어 경쟁률은 15.26 대 1이다.

하지만 아무리 학종의 경쟁률이 올랐다고 해도 논술 경쟁률에는 비할 바 못 된다. 논술 전형은 '인-서울' 15개 대학의 경우, 2022학년도에 4,612명 모집에 무려 242,515명이 지원하여 경쟁률이 52.58 대1이었다. 2023학년도에는 더 심하다. 4,334명 모집에 248,451명이 지원하여, 경쟁률 최고를 찍는다. 무려 57.33 대 1이다.

2024학년도에는 어떨까? 전체 모집 인원은 11,348명인데, 지원 인원은 475,688명이다. 그래서 경쟁률은 41.92 대 1이다. 이것만 봐선 경쟁률이 하락한 듯 보인다. 그러나 '인-서울' 15개 대학만 놓고 보면 이야기가 달라진다. 모집 인원이 5,525명으로 늘었는데도, 지원 인원이 무려 307,916명이다 보니, 경쟁률은 55.73 대 1이나 된다. 모집 인원이 는 걸 생각하면 경쟁률은 떨어졌다고 볼 수 없다. 지원 인원이 5만 명가량 늘었기 때문이다.

논술 전형은 왜 이리 경쟁률이 높은 걸까? 그리고 '인-서울' 주요 대학의 논술 전형에 지원하는 수험생은 왜 이렇게 자꾸 늘어나나? 저렇게 높은 경쟁률을 뚫고 '인-서울' 대학에 들어갈 수 있을까? 논술 전형에 지원한 수험생들은 도대체 무슨 생각으로 저러는 걸까? 뭔가 집단적 착각이 있는 건 아닐까? 아무리 훑어봐도 도무지 답이 안 나온다.

2. 논술 전형의 명목상 경쟁률이 높은 이유

논술 전형의 명목상 경쟁률이 높아지는 이유는 무엇일까?

첫째, 논술 전형이 그나마 다른 전형보다 준비하기가 수월하기 때문이다. 여타 전형보다 상대적으로 단기간에 준비할 수 있다. 그래서 명목상의 경쟁률이 상승한다.

최근에 논술 전형을 시행하기 시작한 가천대, 수원대, 한국기술교육대, 삼육대, 한신대 등은 논술이라기보다 국어, 수학 서술형 시험에 가깝다. 2025학년도에 새로 추가되는 상명대, 을지대, 신한대도 마찬가지다. 정도의 차이가 있지만 경북대, 부산대도 논술보다는 서술형 시험에 가깝다. 이런 대학들은 단기간 준비하더라도 충분히 합격 가능성이 있다.

벌써 6~7년 전이다. 부산대 국문과를 지원한 학생이 수능 끝

나고 갑자기 찾아왔다. 주어진 시간은 불과 3일이었다. 그 짧은 시간에 할 수 있는 것이란 겨우 논술 답안 작성의 기본 요령과 부산대 논술 문제가 지닌 특징, 기출 문제 풀어 보기 정도였다. 그런데 그 학생은 당당히 합격했다.

둘째, 수도권 대학, '인-서울' 대학의 선호도가 갈수록 높아지고 있다. 지방 대학을 '지·잡·대'라 부르는 시대가 되었다. 내가 그 대학 다니다가, 졸업도 안 한 채 사라질지도 모른다는 불안감이 엄습한다. 지방대는 국립대건, 사립대건, 무조건 가면 바보 된다는 생각이 만연하다. 저출산 고령화 사회가 만든 참혹한 풍경이다. 알게 모르게 기업에서도 '인-서울' 대학 출신자를 선호한다.

그런데 막상 수도권, 혹은 '인-서울' 대학에 들어가려면, 대부분 논술 전형을 통과해야 한다. 2025학년도 논술 전형 시행 대학 41개 중 지방대는 경북대, 부산대밖에 없다. 새로 추가되는 을지대와 신한대는 각각 성남과 의정부에 소재한다. 그리고 이 두 대학은 사실 국어, 수학 적성고사에 가까워서 논술이라 하기 민망하다. 따라서 소망하는 '인-서울' 대학에 가기 위해선 논술을 준비해야 한다. 이러니 논술 경쟁률이 자꾸 높아질 수밖에…

셋째, 수능 최저 등급 기준이 아예 없는 논술 전형이 상당수 있다. 수도권 상위권 대학으로는 연세대, 한양대, 서울시립대 등이 아예 수능 최저 등급을 없앴다. 중위권 대학은 더 많다. 가톨릭대, 경기대, 광운대, 단국대, 한국기술교육대, 인하대, 아주대, 서울과기대 등이 수능 최저 등급이 없다. 하위권 대학도 3개나 된다. 수원대, 한국공학대, 한신대 등이 수능 최저 등급이 없다.

그러다 보니 내신이나 수능에서 실패한 학생들이 마지막으로 역전을 노리고 미리 원서를 제출해 놓는 경우가 많다. 소위 '안전빵'이다. (그러나 실제로는 수능 최저가 없는 대학의 논술 전형은 절대 '안전빵'이 아니다.) 이런 어설픈 생각을 가진 학생들 때문에 명목상 경쟁률만 높아진다.

3. 하지만 논술 전형의 실질 경쟁률은?

하지만 논술 전형의 명목상 경쟁률이 이렇게 높다고 해서 실질 경쟁률도 이러할 것이라고 짐작해선 안 된다. 왜 그럴까? **왜 논술에서는 명목상 경쟁률과 실질 경쟁률이 차이가 날까?**

첫째, 수능 최저 등급이라는 변수가 있기 때문이다. 수능 최저 기준이 없는 대학도 있지만, 여전히 다수의 대학에서는 수능 최저 기준을 두고 있다. 2025학년도에 논술을 시행하는 대학은 총 41개 대학인데, 그중 수능 최저가 없는 학교는 15개이고, 나머지 26개 대학은 여전히 수능 최저 학력 기준을 두고 있다.

이런 대학에서는 수능 최저 기준이 거의 절반 이상의 지원자를 걸러 내는 실정이다. 그러니까 2024학년도 논술 전형 명목상 경쟁률은 41.92 대 1이고, '인-서울' 15개 대학 경쟁률은 55.73 대 1이지만, 실질 경쟁률은 그에 한참 못 미치리라 짐작된다. 수능 공부는 소홀히 한 채, 논술 전형으로 쉽게 대학 들어가려다, 수능 최저에 걸리는 학생은 안타깝게도 참으로 많다.

이런 현상이 가장 심했던 때는 2022학년도이다. '불 국어'니 '마그마 국어'니 할 정도로 수능 국어가 어려워지니, 수능 최저 기준을 못 맞추리라 지레짐작한 수험생이 대거 논술 시험장에 나타나지 않는다. 당시 각각 세종대 호텔관광경영학과에 합격한 학생과 경희대 철학과에 합격한 학생의 말을 들어 보면, 시험장에 입실한 사람의 수가 채 3분의 1도 되지 않는다.

그러니까 수능 최저 기준이 낮다고 해도 안심해선 안 된다. 2025학년도 홍익대 수능 최저 기준은 국, 수, 영, 탐(1과목) 중 3개 과목 등급 합이 8등급이면 된다. 그런데 인문계열 학생 중

'수포자'가 대다수이므로, 수학 과목을 빼고 국어, 영어, 탐구 2과목 중 3과목 합 8등급 맞추기란 쉽지 않다. 경우의 수를 따졌을 때, 1등급, 2등급, 5등급이 나오거나, 2등급, 3등급, 3등급이 나와야 한다. 만약 국어가 3등급 나오면 영어, 탐구는 무조건 2등급, 3등급이 나오거나, 1등급, 4등급이 나와야 한다. 까딱하면 기준에 미달한다.

둘째, 수험생 대부분이 논술 준비를 너무 소홀하게 하기 때문이다. 이것이 실질 경쟁률을 떨어뜨린다. 많은 학생들의 논술 준비가 철저하지 못하다. 불과 며칠 준비하고 전형에 응시하는 학생들이 적지 않다. 왜 이러는 걸까? 왜 준비는 대충 하면서도 겁 없이 논술 전형에 도전하는 것일까?

교육 현장을 보면 쉽게 알 수 있다. 학교에서나 학원에서나 논술 준비를 제대로 시킬 수 있는 여건이 되지 않는다. 학교에서는 정규 교과 수업 진도 나가기 바쁘다. 학원에서는 내신이나 수능을 대비해 주는 것이 더 돈벌이가 된다. 그러니 수험생 대부분이 내신, 수능 준비 후에 '자투리' 시간을 이용하여 논술을 겨우 준비한다. 뒤늦게 논술의 중요성을 깨달아도 소용없다.

셋째, 논술을 잘하기 위한 세밀한 단계를 밟지 않기 때문이다. (이것은 둘째 이유의 다른 측면이다.) 논술 준비를 철저히 하려면 어떤 단계를 거쳐야 할까?

우선 띄어쓰기, 맞춤법, 원고지 사용법, 교정부호 사용법, 문장 쓰는 법, 단락 쓰는 법 등을 익혀야 한다. 이것들을 익히는 데 한 달은 걸린다.

그다음, 논술 문제의 유형들을 연습해야 한다. 분석형, 비판형, 대책형 유형 각각을 제대로 연습하려면 적어도 두 달은 걸린다.

그다음, 가고자 하는 대학의 최근 기출 문제들을 풀어 보아야 한다. 그래야 내가 가고자 하는 대학의 논술 문제 유형, 글자 수, 시간, 주의 사항 등을 알 수 있다. 이것들을 제대로 하려면 넉 달은 걸린다.

마지막으로, 올해 그 대학에 출제될 법한 예상 문제를 풀어 보아야 한다. 이것도 두 달은 필요하다. 그렇다면 논술을 잘 준비하기 위해서는 최소한 아홉 달 정도는 필요하다는 계산이 나온다. 하지만 현실을 들여다보면 이렇게 긴 기간을 두고 차근차근 단계를 밟는 학생이 거의 없다. (욕심대로라면, 1년 넘게 논술 공부하면 좋겠다.)

넷째, 논술 문제 속에 숨은 철학적 배경을 제대로 모르는 수험생이 많다. 각 대학 논술 문제 출제자들은 특정의 철학적 배경을 가지고 논술 문제를 출제하는 경우가 많다. 모든 학문의 기초가 철학이다 보니, 이 점은 너무나 당연하다.

그런데도 일선 학교에서는, 그리고 학원에서도 철학을 전제로 논술을 가르치지는 않는다. 더구나 논술 문제와 직접 연관된 철학적 배경을 가르치는 경우도 드물다. 출제자는 철학적 배경을 깔고 문제를 내는데, 그 문제에 답해야 할 학생은 전혀 철학을 모르는 상황이다. 그런 면에서 명목상 경쟁률은 의미 없다. 아마도 실질 경쟁률은 한참 낮을 것으로 본다.

결론적으로, 논술의 명목상 경쟁률을 보고 '쫄' 필요는 없다. 아무리 명목 경쟁률이 높아도 실질 경쟁률은 그리 높지 않을 것이다. 2015학년도 중앙대 사회학과 논술 전형 모집 인원은 불과 5명이었다. 그러나 지원자 수는 무려 900명이었다. 다시 말해서 명목상 경쟁률이 180 대 1이었다.

내가 가르친 학생 중에, 그 경쟁률을 뚫고 합격한 학생이 있다. 그 학생은 대안 학교에서 3년 동안 내신이고 수능이고 논술이고, 아무런 입시 공부도 한 적이 없었다. 재수하면서 비로소 수능과 논술 둘 다 처음으로 공부를 시작했다. 아마 1년 동안 피터지게 공부했을 것이다. 그래서 그 어마무시한 경쟁률을 뚫고 당당히 합격했다. 옳은 방법으로, 열심히만 한다면, 그 어떤 경쟁률이라도 뚫고 합격할 수 있다는 것을 보여주지 않나! 그러니 제발 쫄지 마시라!

❸

모집 인원은 늘고, 수능 최저와 내신 반영률은 또 낮아진다

1. 2025학년도 논술 전형 대학과 모집 인원이 더 는다.

2023학년도까지만 해도 논술 모집 인원은 조금씩 준다. 그러나 2024학년도부터 반전이 일어난다. 2023학년도 논술 전형 시행 대학이 36개이던 것이, 2024학년도가 되면 논술 전형 시행 대학은 2개가 늘어서 38개교나 된다. 그리고 모집 인원도 198명 늘어서 11,214명이나 된다.

2025학년도엔 3개교가 더 는다. 그래서 41개교가 논술 전형을 시행한다. (서울시립대, 서울과학기술대는 자연계 논술만 시행하므로, 인문계 논술을 시행하는 대학은 사실 39개교이다.) 모집 인원은 52명이 늘어 11,266명이다. 새로 늘어난 대학 중 '인-서울'로

▶ **논술 전형 모집 인원 변화**

학년도	변화량			
	대학 수	증감 수	모집 인원	증감 수
2025	41	+3	11,266	+52
2024	38	+2	11,214	+198
2023	36	-	11,016	-53

는 고려대와 상명대가 있고, 성남의 을지대, 의정부의 신한대가 있다. 특히 고려대는 2015학년도 이후 논술 전형을 폐지했다가, 2022학년도에 세종 캠퍼스, 그리고 2025학년도에 서울 캠퍼스에서도 논술 전형을 부활시킨다.

결국 '인-서울 주요 대학' 중 서울대를 제외한 모든 대학이 논술 전형을 시행한다. (서울대도 논술을 부활한다는 소문이 떠돈다.) 언론에선 더 이상 논술 전형이 폐지되리란 전망을 내놓지 않는다. 교육부에서도 논술 전형이 사교육비 상승의 주범이니 하면서 공격하지 않는다. 명실상부하게 논술은 대한민국의 대표적 입시 제도가 된 듯하다. 논술이야말로 좋은 선발 제도라 인정한 것이 아닌가? 논술, 파이팅!

▶ 2025학년도 논술 전형 대학과 모집 인원

대학	2025학년도	차이	2024학년도
연세대-서울	351	5	346
성신여대	162	-10	172
홍익대	506	-9	515
가톨릭대	178	0	178
건국대	314	-120	434
숭실대	256	-11	267
성균관대	381	-1	382
단국대	310	0	310
서울여대	120	0	120
한국항공대	195	-6	201
숙명여대	217	0	217
경희대	479	-1	480
서강대	173	4	169
수원대	450	0	450
동국대	296	-3	299
삼육대	124	-6	130
경기대	167	-2	169
기술교육대	170	0	170

연세대-미래	214	-24	238
한양대-서울	174	-62	236
이화여대	290	-10	300
세종대	310	0	310
경북대	440	-29	469
부산대	344	-28	372
고려대-세종	198	-172	370
동덕여대	200	21	179
한국외대	468	-4	472
중앙대	478	0	478
광운대	184	0	184
덕성여대	100	0	100
한국공학대	290	-5	295
한신대	232	72	160
가천대	930	-52	982
인하대	458	-1	459
아주대	150	-8	158
고려대-서울	344		-
상명대-서울	85		-
을지대	167		-
신한대	100		-

2. 연세대-서울, 성신여대, 홍익대, 가톨릭대

논술 전형에서 수능 최저 기준은 갈수록 낮아지고 있다. 상·중·하위권을 가리지 않고 수능 최저는 낮아지는 추세다. 수능 최저 학력 기준을 알아보기 위해 모두 5개의 그룹으로 나누어 살펴보자. 수능 전에 논술 치는 1그룹과 수능 후에 논술 치는 3그룹, 그리고 2025학년도에 논술을 처음 시행하는 대학 그룹으로 나누었다.

이 그룹은 수능 이전에 논술 시험을 치는 학교이다. 2025학년도에도 여전히 4개 학교가 수능 이전에 논술을 시행한다. 연세

	대학	2025		2024	
		논술/내신	수능 최저	논술/내신	수능 최저
수능 전	연세대-서울	100	무	100	무
	성신여대	90/9/1	2합 7	70/27/3	2합 7
	홍익대	90/10	3합 8	90/10	3합 8
	가톨릭대	80/20	무, 간호-3합 7	70/30	무, 간호-3합 7

대 서울 캠퍼스는 항상 10월 초에 가장 먼저 논술 시험을 친다. 성신여대가 연세대와 같은 주에 치고, 홍익대는 10월 셋째 주, 가톨릭대는 마지막 주에 친다.

논술과 학생부(내신)의 반영 비율이 달라진 학교가 있다. 성신여대와 가톨릭대가 해당 대학이다. 성신여대는 2024학년도에 논술 70%, 학생부 교과 27%, 출결 3% 반영했다. 그런데 2025학년도에는 내신 반영률을 극단적으로 줄인다. 논술 90%, 학생부 교과 9%, 출결 1%를 반영한다. 가톨릭대도 약간 줄인다. 2024학년도에 70%/30%이다가 2025학년도에는 80%/20%로 내신 반영률을 10% 줄인다.

연세대는 일찍이 내신을 전혀 반영하지 않았다. 홍익대는 2024학년도와 2025학년도 둘 다 논술 90%, 학생부 교과 10%를 반영한다. 따라서 1그룹의 4개 학교는 내신을 형식적으로만 반영한다고 말할 수 있다. 반영하더라도 아주 미미한 비율로만 반영하니 말이다. 게다가 내신 반영 비율은 전반적으로 주는 추세이다.

수능 최저 학력 기준도 살펴보자. 연세대는 일찍이 수능 최저 학력 기준을 없애 버렸다. 논술 전형만으로 우수한 학생을 충분히 선발할 수 있다는 자신감이 드러난다. 그도 그럴 것이, 연세대 인문·사회계열 논술 문제에는 긴 영어 지문과 도표 그래프 해석 문제, 그리고 수리논술 문제까지 포함되어 있다.

가톨릭대 인문계열 대부분 학과도 수능 최저 학력 기준이 없다. 다만 간호학과는 국어, 수학, 영어, 탐구 과목 중 3개 과목 합 7등급 이상이어야 한다. 가톨릭대 간호학과는 특이하게도 인문계열 학생도 선발한다. 그 대신 수능 최저 학력 기준을 높게 잡아 놓는다.

성신여대는 국어, 수학, 영어, 탐구 과목 중 2개 과목 합 7등급 이상이면 된다. 그러니까 사회 탐구 1과목을 2등급 받으면 나머지 과목 중 5등급만 받아도 수능 최저를 통과한다. 성신여대는 내신 반영률도 낮추고 수능 최저도 낮아서, 훨씬 더 논술에만 집중할 수 있도록 배려한 것을 알 수 있다.

홍익대의 수능 최저 학력 기준은 만만히 볼 수 없다. 3개 과목 합 8등급이다. 사회 탐구 1과목을 2등급 받는다면 나머지 국어, 영어, 수학 과목 중에서 2과목 합 6등급이 나와야 한다. 그래서 홍익대는 의외로 수능 최저 학력 기준에 걸려 '광탈'하는 경우를 자주 본다.

3. 건국대, 숭실대, 성균관대, 단국대, 서울여대, 한국항공대, 숙명여대, 경희대, 서강대, 수원대, 동국대

이 그룹은 수능 친 바로 그 주 토요일, 일요일에 논술 시험을 치는 학교 그룹이다. 그래서 2그룹 대학에 지원하려면 수능 전부터 착실히 논술 준비를 해야 한다. 수능 치고 불과 하루나 이틀의 시간밖에 없기 때문이다. 게다가 수능 치는 11월에도 논술 준비에 일정 정도 이상의 시간을 투자할 필요가 있다. 자칫 수능 준비한다고 논술에 손 놓으면 감각이 완전히 떨어져 버릴 수 있으니까….

이 그룹에서 주목해야 하는 학교는 숭실대와 경희대이다. 숭실대는 2024학년도 수능 최저가 2개 과목 합 4등급이었다. 그런데 2025학년도에는 2개 과목 합 5등급으로 낮추었다. 건국대, 경희대, 숙명여대, 동국대 수준으로 낮추었다고 할 수 있다. 게다가 논술/내신 반영률이 60%/40%이다가 2025학년도에는 80%/20%로 바뀐다. 논술 전형에서 논술 성적만으로 선발한다는 취지에 가까워진다고 볼 수 있다.

경희대는 겉으로 보기엔 수능 최저 기준에 변화가 없다. 즉 한의예과를 제외한 인문계열 학과는 똑같이 2개 과목 합 5등급

	대학	2025		2024	
		논술/내신	수능 최저	논술/내신	수능 최저
수능 후 1주차	건국대	100	2합 5	100	2합 5
	숭실대	80/20	2합 5	60/40	2합 4
	성균관대	100	국수영탐탐 3합 6, 글로벌-3합 5, 한/2외-탐	100	국수영탐탐 3합 6, 글로벌-3합 5, 한/2외-탐
	단국대	80/20	무	80/20	무
	서울여대	80/20	국수영 1합 3	80/20	국수영 1합 3
	한국항공대	100	2합 6	100	2합 6
	숙명여대	90/10	2합 5	90/10	2합 5
	경희대	100	2합 5, 탐2 평균, 한의예-3합 4	100	2합 5, 한의예-3합 4
	서강대	80/10/10	3합 7	80/10/10	3합 7
	수원대	60/40	무	60/40	무
	동국대	70/20/10	2합 5, 경찰행정-2합 4	70/20/10	2합 5, 경찰행정-2합 4

이다. 하지만 2025학년도부터 탐구 2과목 평균 등급을 반영한다. 경희대는 은근히 수능 최저 학력 기준을 높였다고 할 수 있다. 그리고 작년부터 경희대 한의예과 논술 시험에 변화가 미세하게 있다. 인문계열 수리논술 문제엔 확률과 통계만, 자연 계열 수리논술 문제엔 기하와 미적만 출제한다.

반대로 경희대는 내신을 전혀 반영하지 않는다. 논술 100%로 선발한다. 2그룹 안에는 논술 100%로 선발하는 학교가 경희대 말고도 건국대, 성균관대, 한국항공대 등 3개 학교가 더 있다. 주로 상위권 대학에서 내신을 전혀 반영하지 않는 것을 알 수 있다. 이들 대학은 논술 시험만으로 우수한 학생을 선발할 수 있다는 자신감을 가진 것이다.

성균관대는 수능 최저에 변화가 없다. 2024학년도에 국어, 수학, 영어, 탐구 2과목 중 3개 과목 합 6등급이던 것이 2025학년도에도 그대로다. 글로벌 계열 학과는 3개 과목 합 5등급인 것도 마찬가지다. 다만 흥미로운 점은 3개 과목 중에 탐구 과목을 2개 포함할 수도 있다는 항목이다. 게다가 한문과 제2외국어를 탐구 과목으로 인정한다는 항목이다. 이렇게 되면 실질적으로는 수능 최저가 낮아지는 효과가 있다.

단국대와 수원대는 수능 최저 학력 기준이 없다. 다시 말해서 수능 성적에 신경 쓸 필요 없이 논술만 잘하면 이 대학에 들어갈 수 있다. 조심할 점은 단국대는 논술/내신 반영률이 80%/20%이고, 수원대는 60%/40%라는 것이다. 수원대는 약술형 논술 시험을 치는 대신 학생부 교과 성적도 상당한 수준에서 반영한다는 것을 알 수 있다.

서강대는 2024학년도부터 수능 최저를 낮췄다. 2023학년도까지만 해도 3개 과목 합 6등급이었다. 그러나 작년부터 3개 과목 합 7등급이다. 논술/내신 반영률도 특이하다. 80% 논술, 교과 성적 10%, 비교과 성적 10%이다. 즉 내신 20% 중 출결 등 비교과 성적을 교과 성적과 같은 비율로 반영한다. 이것은 사실상 내신의 영향력을 최소화하겠다는 것과 다르지 않다.

4. 삼육대, 경기대, 기술교육대, 연세대-미래, 한양대-서울, 이화여대, 세종대, 경북대, 부산대, 고려대-세종, 동덕여대

이 그룹은 수능 후 2주차, 그러니까 11월 셋째 주에 논술 시험을 친다. 따라서 수능 친 주에 논술 치는 앞 그룹과 달리, 수능 끝나고 1주일 정도의 준비 기간이 있다. 게다가 상·중·하위권 대

	대학	2025		2024	
		논술/내신	수능 최저	논술/내신	수능 최저
수능 후 2주차	삼육대	70/30	1합 3	70/30	1합 3
	경기대	60/40	무	60/40	무
	기술교육대	100	무	100	무
	연세대-미래	100	2합 7, 간호-2합 5	100	2합 7, 간호-2합 5
	한양대-서울	90/10	무	90/10	무
	이화여대	100	3합 6, 스크랜턴-3합 5	100	3합 6, 스크랜턴-3합 5
	세종대	70/30	2합 5	70/30	2합 5
	경북대	70/30	경상/사범/행정/ 자율전공-2합 5, 그 외-2합 6	70/30	경상/사범/행정/ 자율전공-2합 5, 그 외-2합 6
	부산대	70/30	2합 4, 경영-3합 7	70/30	2합 4, 경영-3합 7
	고려대-세종	100	2합 6	70/30	2합 6
	동덕여대	100	2합 7	100	2합 7

학이 골고루 분포해 있다. 많은 학생이 집중적으로 노릴 수밖에 없는 그룹인 셈이다. 그만큼 경쟁률도 높아서 논술 시험에 대한 대비를 철저히 해야 한다.

여기서 가장 주목할 대학은 고려대 세종 캠퍼스이다. 2024학년도나 2025학년도나 수능 최저는 똑같이 2개 과목 합 6등급이다. 그런데 논술/내신 반영률은 다르다. 2024학년도에는 70%와 30%였는데, 2025학년도에는 논술 100%이다. 고려대 서울 캠퍼스가 올해부터 논술 전형을 부활하면서 논술 100% 반영하는 것에 보조를 맞춘 듯하다. (물론 서울 캠퍼스의 수능 최저는 4과목 합 8등급으로 아주 높다.)

수능 최저가 없는 학교는 경기대, 한국기술교육대, 한양대 서울 캠퍼스 등 3개교이다. 하지만 내신 반영률은 제각각 다르다. 경기대는 논술/내신이 60%/40%이다. 수능 최저가 없는 대신 내신 반영률이 높다는 사실을 분명히 인지해야 한다. 기술교육대는 논술 100%이고, 한양대는 90%/10%이다. 그러나 내신 10%는 거의 형식적 반영이라고 보므로, 논술 100%에 가깝다고 봐야 한다.

이 그룹의 또 다른 특징은 논술 100% 반영 학교가 많다는 점이다. 다시 말해서 내신(학생부 교과 성적)을 전혀 반영하지 않는 학교가 많다. 기술교육대, 연세대 미래 캠퍼스, 이화여대, 고려대 세종 캠퍼스, 동덕여대 등 무려 5개교이다. 그 대신 이화여대는 수능 최저가 3과목 합 6등급이고, 고려대 세종 캠퍼스는 2과목 합 6등급이며, 동덕여대는 2과목 합 7등급이다.

세종대, 경북대, 부산대, 이 세 학교에도 공통점이 있다. 논술 시험 날짜와 시간이 거의 비슷하다는 점이 첫 번째 공통점이다. 그래서 원서 쓸 때 시간이 겹치지 않는지 주의해야 한다. 논술/내신 반영률이 70%/30%라는 점도 공통점이다. 세종대는 인-서울 대학이고 경북대, 부산대는 영남권 대학이지만 내신 반영률을 상대적으로 높게 잡는다는 점에서 공통된다.

수능 최저에서는 미세하게 차이가 난다. 부산대는 2과목 합 4등급 이상이어야 한다. 단, 경영학과는 3과목 합 7등급 이상이어야 한다. 세종대는 2과목 합 5등급 이상이어야 한다. 경북대는 2과목 합 6등급 이상이어야 한다. 단, 경상대, 사범대, 행정학부, 인문계열 자율전공학부는 2과목 합 5등급 이상이어야 한다. 경북대, 부산대 둘 다 조금씩 수능 최저를 낮추고 있다.

5. 한국외대, 중앙대, 광운대, 덕성여대, 한국공학대, 한신대, 가천대, 인하대, 아주대

이 그룹은 11월 넷째 주, 혹은 12월 첫째 주에 논술 시험을 친다. 수능 시험 치고 한참 있다가 논술을 친다. 그래서 이 그룹 대학의 논술 전형은 대비할 수 있는 충분한 시간이 있다는 게 특징이다. 수능 최저가 없거나 낮은 학교도 많아서, 만약 수능에 실패했더라도 4그룹 대학의 논술 전형을 통해 한 번 더 희망을 걸어볼 수 있다.

제일 먼저 주목되는 학교는 한국외대이다. 서울 캠퍼스는 수능 최저에서 2024학년도나 2025학년도나 별 변화가 없다. LD(언어와 외교)학과, LT(언어와 무역)학과는 2과목 합 3등급이고, 나머지 학과는 모두 2과목 합 4등급이다. 하지만 논술/내신은 2024학년도에 80%/20%이다가 2025학년도에는 논술 100%로 바뀐다. 내신을 반영하지 않고 논술로만 선발하겠다는 것이다.

글로벌 캠퍼스에는 수능 최저에도 변화가 있다. 작년까지만 해도 글로벌 캠퍼스의 수능 최저는 없었다. 그런데 2025학년도부터 3등급 이상인 과목이 1개 이상 있어야 한다. 한국외대 서

	대학	2025		2024	
		논술/내신	수능 최저	논술/내신	수능 최저
수능 후 3주차	한국외대	80/20	2합 4, LD/LT-2합 3, 글로벌-1합 3	80/20	2합 4, LD/LT-2합 3, 글로벌-무
	중앙대	70/20/10	3합 6, 영 2를 1로 인정	70/20/10	3합 6, 영 2를 1로 인정
	광운대	70/30	무	70/30	무
	덕성여대	100	2합 7	100	2합 7
	한국공학대	80/20	무	80/20	무
	한신대	60/40	무	60/40	무
	가천대	100	1합 3	80/20	1합 3
	인하대	70/30	무	70/30	무
	아주대	80/20	무	80/20	무

울 캠퍼스와 글로벌 캠퍼스 둘 다 내신을 반영하지 않는 대신 수능 최저를 강화한다. 사실 한국외대 논술 문제 난이도는 그다지 높지 않다. 그러므로 3등급짜리가 1과목 이상 나오는 학생이라면 글로벌 캠퍼스에 도전해 볼 만하다.

중앙대에 변화가 있는 건 아니다. 그렇지만 놓쳐선 안 될 점도 있다. 중앙대는 2024학년도와 2025학년도에도 여전히 수능 최저가 3과목 합 6등급이다. 이것은 성균관대, 서강대, 이화여대 등을 의식한 조치인 듯하다. 그러면서도 수능 최저를 낮추어서 부담을 줄이고자 한다.

그에 따른 구체적인 조치로, 영어를 1등급 받은 학생이나 2등급 받은 학생이 둘 다 1등급으로 인정되도록 한다. 중앙대는 영어 2등급을 받아도 논술 점수가 높으면 합격할 수 있다는 결론이 나온다. 게다가 논술/내신 반영률은 70%/20%/10%이다. 즉 교과 성적 20%에 비교과 성적(출결) 10%를 반영하여 내신의 비중을 줄여 놓았다.

수능 최저가 없는 학교는 광운대, 한국공학대, 한신대, 인하대, 아주대 등 5개교이다. 그렇지만 "논술만 잘하면 합격할 수 있겠다."라는 생각은 무리다. 광운대, 인하대의 논술/내신 반영률은 70%/30%이고, 한국공학대, 아주대는 80%/20%이며, 한신대는 60%/40%나 된다. 수능 최저가 낮거나 없는 학교일수록 내신 반영률이 상대적으로 높다는 사실을 잊으면 안 된다.

가천대도 주목해 보자. 2024학년도엔 수능 최저가 3등급 맞은 1과목 이상이고, 논술/내신 반영률이 80%/20%였다. 그래서 상대적으로 내신을 신경 써야 하는 학교였다. 그런데 2025학년도부터 내신을 전혀 반영하지 않고 논술 100%로 선발한다. 게다가 가천대 논술은 약술형이다. 국어 9문제, 수학 6문제로 구성된다. '수포자'가 아니라면 도전해 볼 수 있는 정도의 난이도다.

논술 100%인 학교로 덕성여대도 있다. 다만 수능 최저가 2과목 합 7등급이 되어야 한다. 내신이 너무 안 좋아서 내신을 반영하면 대학 가기 힘든 학생, 그러나 수능 2과목은 3등급, 4등급 받을 수 있는 학생, 거기에다 논술에는 재미를 붙인 학생이라면 도전해 볼 만하다. 덕성여대 논술 문제는 500자 내외 2문제이고 시간은 무려 90분이나 준다.

6. 논술 전형에 새로 진입한 대학 : 고려대-서울, 상명대-서울, 을지대, 신한대

2025학년도부터 새롭게 논술 전형을 시행하는 학교가 4곳 있다. 고려대-서울, 상명대-서울, 성남의 을지대, 의정부의 신한대가 그곳이다. 그중 고려대-서울이 가장 많은 344명을 선발한다. 3년 전에 세종 캠퍼스가 논술 전형을 먼저 시행한 후 2025학년도부터 서울 캠퍼스도 시행한다. 사실 서울 캠퍼스는 2015학년도 이후 논술을 폐지했다가 부활시킨 것이다. 연세대를 비롯한 인-서울 대학들이 논술을 폐지하기는커녕 더욱 확대되니 마침내 고려대도 부활시킨 것이리라 짐작된다.

고려대-서울은 내신을 전혀 반영하지 않는다. 오로지 논술로만 선발할 작정이다. 제출된 모의고사를 고려해 볼 때, 시간은 80분이고, 문제는 700자 ± 50자짜리 2문제가 주어진다. 경쟁적 관계에 있는 여타 대학과 비교해 볼 때, 문제의 난이도나 시간, 글자 수 등이 까다로운 편은 아니다. 오히려 쉽다고 봐야 한다.

고려대-서울의 논술 전형은 논술 문제가 문제가 아니다. 수능 최저가 문제다. 논술 전형을 시행하는 41개교 중 가장 높은 수능 최저다. 4과목 합 8등급을 요구한다. 경영학과는 더 세다. 4

	대학	2025		
		모집 인원	논술/내신	수능 최저
논술 전형에 새로 진입한 대학	고려대-서울	344	100	4합 8, 경영-4합 5
	상명대-서울	85	90/10	무
	을지대	167	70/30	무
	신한대	100	90/10	1합 5

과목 합 5등급을 요구한다. 국어, 수학, 영어, 탐구 과목 평균 2등급은 나와야 고려대 논술 전형에 지원할 수 있다. 경영학과는 세 과목이 1등급 나오고 한 과목이 2등급 나오는 수준은 되어야 응시할 수 있다.

그러니까 고려대 서울 캠퍼스는 2025학년도부터 논술을 시행하되 '무늬'만 논술인 전형을 시행하는 셈이다. 실제로는 수능 성적이 우수한 학생을 위주로 선발하고자 한다. 논술은 수능 성적이 우수한 학생 중 보조적인 평가 자료로 참조하고자 한다.

이런 현상은 몇 가지 이유를 추측하도록 한다. 첫째, 고려대는 논술 전형으로 우수한 학생을 선발할 수 없다고 판단하는 듯하다. 논술 능력과 학업 능력 간 상호 연관성이 미미하다고 보기 때문에, 전형 요소를 이렇게 비정상적으로 구성하는 듯하다. 2015학년도에 논술 전형을 폐지한 것도 그런 의심 때문이리라. (서른 개가 넘는 대학들이 여전히 논술 전형으로 학생을 선발하고 있는데도 말이다.)

둘째, 특목고나 자사고의 우수한 학생을 선발하는 창구로 삼고자 한다. 특목고나 자사고 학생은 내신은 불리하고 수능은 유리하다. 그래서 '무늬'만 논술인 것을 통해 수능 성적이 잘 나오는 특목고나 자사고 학생을 더 많이 선발하고자 한다.

셋째, 고려대 서울 캠퍼스의 위상을 높이고자 한다. 논술 분야에서는 한동안 잊혔던 대학이 고려대다. 그렇다 보니 어느새 인지도가 상당히 약하다. 과거의 위상을 되찾기 위해선 특별한 조치가 필요하다. 그중 한 방법이 수능 최저 학력 기준을 높이는 것이다. 깜짝 놀랄 만큼 높이면 고려대의 위상을 과거만큼 높일 수 있다. 이런 속셈이리라.

을지대와 신한대는 논술 시행과 관련된 구체적인 내용을 발표하지 않았다. 상명대도 아주 적은 정보만 제공한다. 시간은

60분이고, 국어 8문제, 수학 2문제의 약술형 논술이다. 아마 을지대와 신한대도 상명대 수준의 약술형 논술을 시행하리라 예측된다.

7. 수능 최저 기준과 내신 반영률이 자꾸 낮아지는 이유

2025학년도에는 전국 41개 대학에서 논술 전형을 시행하는데, 대체로 수능 최저 기준을 낮추거나 내신 반영률을 아예 없애는 학교가 늘어난다는 걸 충분히 알 수 있다. 그렇다면 논술 전형 시행 대학들은 왜 이렇게 하는 걸까? 그 이유가 뭘까?

첫째, 논술 전형만으로 우수한 학생을 선발할 수 있기 때문이다. 연세대의 경우 인문·사회 논술 문제인데도 영어 지문과 통계 그래프, 수리논술 문제 등이 다 포함되어 있다. 즉 논술 문제만으로 영어 독해 능력, 통계 그래프 해석 능력, 수리적 사고 능력 등을 모두 테스트할 수 있다.

물론 인문·사회적 마인드를 바탕으로 이들 능력까지 함께 갖추어야 논술 문제에 제대로 답할 수 있다. 그러니 굳이 이중, 삼중으로 테스트해서 학생들을 괴롭힐 필요가 없다. 2025학년도

▶ 2025학년도 논술 전형 수능 최저

2025 수능 최저	대학
무	연세대-서울, 경기대, 가톨릭대(간호 외), 단국대, 수원대, 기술교육대, 한양대-서울, 광운대, 한국공학대, 인하대, 아주대, 한신대, 을지대
1합 5	신한대
1합 3	서울여대, 경희대(체육), 가천대, 삼육대, 한국외대-글로벌
2합 7	성신여대, 연세대-미래(간호 외), 덕성여대, 동덕여대
2합 6	한국항공대, 경북대(인문, 사회), 고려대-세종
2합 5	건국대, 경북대(경상, 사범, 행정, 자율전공), 경희대(인문, 탐2 평균), 동국대(AI-인문, 수학 포함), 세종대, 숙명여대, 숭실대
2합 4	동국대(경찰행정), 부산대(예체능, 인문), 한국외대(인문)
2합 3	한국외대(LD, LT)
3합 8	홍익대(인문)
3합 7	부산대(경영), 서강대(인문)
3합 6	중앙대(인문, 영어 2등급을 1등급 인정), 이화여대(인문), 성균관대(인문, 제2외/한문 탐구 인정, 탐구 2 반영)
3합 5	성균관대(글로벌 경영/경제/리더, 제2외/한문 탐구 인정, 탐구 2 반영), 이화여대(스크랜턴)
3합 4	경희대(한의예-인문)
4합 8	고려대(인문)
4합 5	고려대(경영)

에 연세대(서울)를 비롯한 꽤 많은 대학이 수능 최저뿐만 아니라 내신조차 반영하지 않으려는 경향을 보인다.

둘째, 선발 제도로서 논술 전형에 대한 안정감, 신뢰감 때문이다. 1994년부터 논술 전형이 시행되었으니 2024년이면 어언 31년째다. 그동안 논술 전형도 많은 시행착오를 거쳤다.

하지만 30년 넘으니 대체로 안정적인 운영 단계에 접어든 것으로 보인다. 문제를 출제하는 데에 있어 논리성, 객관성, 정합성, 그리고 채점하는 데에 있어 객관성, 공정성, 정확성 등을 잘 확보할 수 있는 것으로 보인다. 대학 관점에서 볼 때 상당히 신뢰할 수 있는 선발 제도이다.

셋째, 대학의 자율성과 연관되어 있기 때문이다. 수능이나 내신은 사실 국가기관인 교육부에서 제시하는 평가 기준이다. 그래서 이것들과 연관된 전형들은 그만큼 대학의 자율성을 확보하기 힘들다. 학생부 교과, 학생부 종합, 정시 등의 전형은 하나같이 대학에서 자율적으로 학생을 선발하는 제도라고 볼 수 없다.

유일하게 논술만이 각 대학에서 선발한 자체의 출제위원으로, 대학마다의 고유한 방식으로 문제를 출제한다. 그런 면에서 대학의 자율성을 지키는 마지막 보루 같은 역할을 한다. (이 점 때문에 그동안 교육부의 상당한 압력이 있었는데도 대학들이 논술 전형을 폐지하지 않았으리라고 본다.)

넷째, 상위 국가고시와의 연계성 때문이다. 가장 대표적인 것이 법학전문대학원, 즉 로스쿨 입시에 논술 과목이 들어 있다. 교사 임용고시에도 논술이 들어 있고, 공기업 입사 시험, 국정원 고시에도 논술이 들어 있다. 대학 입장에서는, 장차 자기 대학 졸업생이 그런 국가고시의 논술에 응시했을 때, 조금이라도 더 도움이 되도록 입학 전형을 만드는 게 당연하다.

결론을 내리자. 논술 전형만으로 충분히 우수한 학생을 선발할 수 있는데 굳이 수능 최저 기준이나 내신 반영률을 높여야 할 이유는 없다. 그러니 대학 당국은 아예 수능 최저 기준과 내신 반영을 없애거나 낮추는 것이다. 이런 경향은 여타 대학으로도 더욱 확대될 가능성이 높다. **마침내 논술만 잘하면 원하는 대학에 들어갈 수 있는 때가 올지도 모른다.** 파이팅, 논술!

❹

내신 6등급인데 '인-서울' 할 수 있을까?

1. 내신을 반영하지 않는 대학들

만약 내신에 자신 없다면 다음 대학들에 주목하자. 내신, 즉 학생부 성적은 전혀 반영하지 않고, 오로지 논술 성적만 100% 반영해서 학생을 선발하는 학교가 무려 14개나 된다.

내신 반영률 0%인 학교는 2023학년도에 **건국대, 덕성여대, 동덕여대, 성균관대, 연세대-서울, 연세대-미래, 한국항공대** 등 7개교뿐이었다. 그러다가 2024학년도에는 **경희대**와 **이화여대**가 추가되어 9개교로 는다. 마침내 2025학년도에는 **고려대-서울, 고려대-세종, 한국외대-서울, 한국외대-글로벌, 가천대**까지 합류하여 14개교가 내신을 전혀 반영하지 않는다.

▶ 2025학년도 논술 전형 내신 반영률

내신 반영률	대학
0%	연세대(서울, 미래), 고려대(서울, 세종), 성균관대, 이화여대, 경희대, 한국외대(서울, 글로벌), 건국대, 덕성여대, 동덕여대, 한국항공대, 가천대
10%	한양대(비교과 10), 홍익대(교과 10), 숙명여대(교과 10), 성신여대(교과 9/비교과 1), 상명대(교과 10)
20%	서강대(교과 10/비교과 10), 숭실대(교과 20), 서울여대(교과 20), 가톨릭대(교과 20), 아주대(교과 20), 단국대(교과 20)
30%	중앙대(교과 20/비교과 10), 동국대(교과 20/비교과 10), 세종대(교과 30), 광운대(교과 30), 인하대(교과 30), 삼육대(교과 30), 을지대(교과 30), 신한대(교과 30)
40%	경기대(교과 40), 수원대(교과 40), 한신대(교과 40)

2. 내신을 미미하게 반영하는 대학들

이뿐만이 아니다. 내신을 반영하기는 하되 미미한 수준에서 반영하기 때문에, 내신이 반영되었다고 할 수도 없는 대학도 있다. 한양대는 내신을 10% 반영하되, 비교과만 반영한다. 다시 말해서, 출결이나 봉사활동, 수상 경력 등을 종합적으로 판단하여 반영한다. **홍익대와 숙명여대, 상명대**는 교과 영역만 10%를 반영한다. **성신여대**는 교과 영역 9%와 비교과 영역 1%를 반영한다. 이들 대학까지 포함하면 내신 반영률이 거의 영향을 미치지 않는 대학은 19개에 이른다. **절반에 가까운 대학은 내신을 형식적으로만 반영한다.**

3. 내신 반영의 디테일 : 수능 전

연세대 서울 캠퍼스, 미래 캠퍼스는 둘 다 내신을 반영하지 않는다. **성신여대**는 교과 9%, 비교과, 즉 출결 1%를 반영한다. 과목은 국어, 수학, 영어, 사회가 그 대상인데, 1등급이 9점이고 9등급이 8.10점이니 최고점과 최저점 간 점수 격차는 불과 0.90점이다. 논술 전형에 가장 많이 지원하는 3등급에서 6등급 사이 점수 격차는 불과 0.27점이다.

가톨릭대는 교과만 20% 반영한다. 과목은 국어, 수학, 영어, 한국사, 사회, 과학이다. 1등급이 20점이고 9등급이 14점이다. 이것만 보면 가톨릭대 논술 전형에서 내신이 차지하는 비중은

▶ **연세대-서울, 성신여대, 홍익대, 가톨릭대의 내신 반영률**

대학	내신 반영률				
	논술	학생부			
		교과	비교과	반영 과목	진로 선택
성신여대	90	9	1	국, 수, 영, 사	-

등급 간 점수								
1	2	3	4	5	6	7	8	9
9	8.91	8.82	8.73	8.64	8.55	8.46	8.28	8.10

대학	내신 반영률				
	논술	학생부			
		교과	비교과	반영 과목	진로 선택
가톨릭대	80	20	0	국, 수, 영, 한, 사, 과	×

등급 간 점수								
1	2	3	4	5	6	7	8	9
20	19.9	19.8	19.7	19.6	19.5	19.4	18	14

대학	내신 반영률				
	논술	학생부			
		교과	비교과	반영 과목	진로 선택
홍익대	90	10	0	국, 수, 영, 사/과 택1 (교과별 상위 3과목)	×

등급 간 점수								
1	2	3	4	5	6	7	8	9
10	9.9	9.7	9.4	9.0	8.5	6	3	0

제법 높아 보인다. 하지만 7등급이 19.4점이고 1등급에서 7등급까지는 0.1점씩 차이가 난다는 점을 간과해선 안 된다. 즉 1등급에서 7등급 사이의 학생은 내신에서 아주 미미한 점수 차이만 발생한다.

홍익대는 교과 10%만 반영한다. 과목은 국어, 수학, 영어에다 사회/과학을 선택할 수 있다. 홍익대는 자연 계열 학생이 인문 계열 학과에 지원할 수 있도록, 내신 반영 방법으로 배려한다. 1등급이 10점이고 9등급이 0점이다. 이것만 봤을 때 홍익대 논술 전형의 내신 영향력은 어마무시하다.

그러나 그 속을 들여다보면 다르다. 2등급이 9.9점이고, 3등급이 9.7점이며, 4등급이 9.4점이니 1등급과 4등급이 0.6점 차이밖에 나지 않는다. 5등급은 9.0점이어서 1등급과 1점 차이고, 6등급도 8.5점이라서 1.5점 차이다. 그러니까 홍익대는 내신 6등급 정도만 받으면 별로 불리하지 않으니, 논술로 도전해 보기를 권유하는 것이다. 다만 7등급 이하는 받아주기 거북하니 다른 길을 찾아보란 뜻도 읽을 수 있다.

4. 내신 반영의 디테일 : 수능 후 1주차

숭실대와 단국대, 서울여대는 논술 시험을 치는 시기도 비슷하고 내신 반영률도 비슷하다. 논술 80%, 교과 성적 20% 반영한다. 물론 수능 최저는 다르다. 숭실대는 2과목 합 5등급을 요구하지만, 단국대는 아예 없다. 서울여대는 1과목 3등급 이상이기만 하면 된다. 그러나 숭실대와 단국대는 교과 과목조차 국어, 수학, 영어, 사회를 똑같이 반영하고, 진로 선택 과목을 인정한다는 점도 똑같다.

숭실대는 1등급에서 5등급까지 점수 격차가 1씩 벌어진다. 즉 20, 19, 18, 17, 16이다. 그러다가 6등급은 2점 낮은 14점을 부여하고, 7등급, 8등급은 4점씩 낮은 10점, 6점을 부여한다. 9등급은 아예 0점이다. 1등급에서 6등급까지는 점수 격차가 있더라도 미미해서 논술로 역전해 보란 듯하다. 그러나 7등급, 8등급은 4점씩 내려가니 사실상 논술 전형으로 합격할 수 없을 만큼 페널티를 준다. 9등급은 0점으로 숭실대에 지원하지 말라는 듯하다.

단국대는 1등급에서 6등급까지 점수 격차가 더 촘촘하다. 20, 19.8, 19.6, 19.4, 19.2, 19.0 등으로 0.2점씩 낮아진다. 1등급에

▶ 숭실대, 단국대, 서울여대의 내신 반영률

대학	내신 반영률				
	논술	학생부			
		교과	비교과	반영 과목	진로 선택
숭실대	80	20	0	국, 수, 영, 사	○

등급 간 점수								
1	2	3	4	5	6	7	8	9
20	19	18	17	16	14	10	6	0

대학	내신 반영률				
	논술	학생부			
		교과	비교과	반영 과목	진로 선택
단국대	80	20	0	국, 수, 영, 사	○

등급 간 점수								
1	2	3	4	5	6	7	8	9
20	19.8	19.6	19.4	19.2	19.0	14	8	0

대학	내신 반영률				
	논술	학생부			
		교과	비교과	반영 과목	진로 선택
서울여대	80	20	0	국, 수, 영, 사/과	×

등급 간 점수								
1	2	3	4	5	6	7	8	9
20	19	18	17	16	14	11	8	5

서 6등급까지는 내신 성적으로 많은 페널티가 생기지 않도록 하겠다는 대학 당국의 배려가 느껴진다. 그러나 7등급, 8등급은 다르다. 5점, 4점씩 낮아져서 내신에서 상당히 불리하다. 숭실대와 마찬가지로 9등급은 0점이다.

숙명여대와 서강대, 동국대를 비교해 보는 것도 흥미롭다. 숙명여대는 논술/내신 비율이 90%/10%이고, 서강대는 논술/교과/비교과 비율이 80%/10%/10%이며, 동국대는 논술/교과/비교과 비율이 70%/20%/10%이다. 숙명여대는 출결과 같은 비교과 성적을 반영하지 않지만, 서강대, 동국대는 10%나 반영하니 출결이 중요해 보인다. 하지만 특별한 경우가 아닌 한 출결에서 점수가 깎이는 일은 없다. 그런 면에서 숙명여대, 서강대는 내신 반영률이 거의 같고, 동국대만 조금 높다고 할 수 있다.

숙명여대는 1등급에서 3등급까지 0.11점 벌어진다. 4등급, 5등급은 0.12점 벌어진다. 그러다가 갑자기 6등급은 0.5점이나 낮아진다. 7등급은 좀 더 벌어진다. 0.55점이다. 8등급은 0.4점, 9등급은 0.69점 벌어진다. 등급 간 점수 격차가 일정하지 않은 이유를 쉽게 설명할 순 없다. 다만 6등급 이하는 상당한 페널티를 주겠다는 의도는 명확하다.

▶ 숙명여대, 서강대, 동국대의 내신 반영률

대학	내신 반영률				
	논술	학생부			
		교과	비교과	반영 과목	진로 선택
숙명여대	90	10	0	국, 수, 영, 사/과, 국사	○

등급 간 점수								
1	2	3	4	5	6	7	8	9
10	9.89	9.78	9.66	9.54	9.04	8.59	8.19	7.50

대학	내신 반영률				
	논술	학생부			
		교과	비교과	반영 과목	진로 선택
서강대	80	10	10	전 과목	○

등급 간 점수								
1	2	3	4	5	6	7	8	9
10	9.96	9.92	9.88	9.84	9.80	9.76	9.70	0

대학	내신 반영률				
	논술	학생부			
		교과	비교과	반영 과목	진로 선택
동국대	70	20	10	국, 수, 영, 사/과, 국사 (상위 10과목)	-

등급 간 점수								
1	2	3	4	5	6	7	8	9
20	19.94	19.86	19.80	19.60	17.40	14.00	12.00	10.00

서강대는 교과 전 과목을 반영한다는 특징이 있다. 1등급에서 7등급까지 점수 격차는 일정하게 0.04점이다. 즉 10, 9.96, 9.92, 9.88, 9.84, 9.80, 9.76 등이다. 8등급도 그다지 크게 벌어지지 않는다. 0.06점 낮아져서 9.70이다. 그러니까 서강대는 숙명여대보다 더 내신의 영향력을 낮춘다. 등급 간 점수 격차도 줄여서, 8등급이라도 논술에 도전해 보라고 권유한다. 물론 서강대조차 내신 9등급은 받아들일 수 없다.

동국대는 페널티를 주는 등급이 서강대보다 훨씬 높다. 1등급에서 4등급까지 점수는 20, 19.94, 19.86, 19.80 등이다. 각각 0.06, 0.08, 0.06 차이가 난다. 5등급부터 다르다. 19.60으로 0.2점 낮아진다. 6등급은 17.40으로 2.2점이나 낮아진다. 사실상 6등급부터는 내신 페널티 때문에, 논술로 역전할 가능성은 매우 낮다.

5. 내신 반영의 디테일 : 수능 후 2주차

경기대의 내신 반영률은 최고다. 논술 60%, 교과 40%를 반영한다. 게다가 전 과목이 반영 대상이다. 그런 점에서 내신 성적이 좋지 않은 학생은 선불리 경기대를 지원할 수 없다. 수능 최

▶ **경기대의 내신 반영률**

<table>
<tr><th rowspan="3">대학</th><th colspan="5">내신 반영률</th></tr>
<tr><th rowspan="2">논술</th><th colspan="4">학생부</th></tr>
<tr><th>교과</th><th>비교과</th><th>반영 과목</th><th>진로 선택</th></tr>
<tr><td>경기대</td><td>60</td><td>40</td><td>0</td><td>전 과목</td><td>○</td></tr>
</table>

등급 간 점수								
1	2	3	4	5	6	7	8	9
40	39.2	38.0	36.4	34.4	32.0	24.0	8	0

저가 없는 것만 보고 경기대를 쉽게 생각했다간 큰코다친다. 내신에 발목 잡혀서 논술 열심히 준비한 게 헛고생이 될 수 있으니 말이다.

1등급 40점, 2등급 39.2점, 3등급 38.0점, 4등급 36.4점 등이다. 각각 0.8점, 1.2점, 1.6점 차이가 난다. 5등급은 34.4점으로 무려 2.0점 낮아진다. 6등급은 더 심하다. 32.0점으로 2.4점 낮아진다. 7등급부터는 포기하는 게 좋다. 8.0점 낮아져서 격차를 감당할 수 없다.

수도권이지만 대체로 하위권에 분류되는 경기대가 이렇게 높은 등급 컷을 유지하는 이유는 뭘까? 경기대는 750자 내외 논술 문제 2문제를 출제한다. 수능 최저도 없다. 그렇다 보니 내신 등급 컷이라도 올리는 게 우수한 학생을 선발할 수 있는 보완책이 되리라 판단한 듯하다.

한양대와 **세종대**를 비교해 보는 건 재미있다. 한양대는 인-서울 대학 중에서도 상위권으로 분류되고, 세종대는 중하위권으로 분류된다. 그래서 반영률이나 방법 면에서 판이하다. 한양대는 논술/내신 반영률이 90%/10%이고, 세종대는 70%/30%이다. 그런데 한양대의 내신 10%는 모두 비교과이다. 출결이나 봉사활동, 수상 경력 등을 종합적으로 고려하여 내신 점수를 매기겠다는 것이다. 세종대의 내신 30%가 모두 교과인 것과 대조된다.

한양대는 수능 최저도 없다. 그런 면에서 절대적으로 논술 능력을 테스트해 보고 선발하겠다는 의도를 알 수 있다. 이와 달리 세종대는 수능 최저가 경희대, 동국대 등과 같은 2과목 합 5등급이다. 교과 등급 1에서 9까지의 점수는 30점, 29.7점, 29.4점, 28.5점, 27점, 24점, 21점, 15점, 0점이다. 그래서 점수 격차는 0.3점, 0.3점, 1.1점, 1.5점, 3점, 3점, 6점, 15점 등이다. 5등급 이하는 내신 점수의 불리함 때문에 합격하기 어렵다.

한양대와 달리 인-서울 중하위권인 **세종대**의 논술 전형 전략

▶ **한양대-서울, 세종대의 내신 반영률**

대학	내신 반영률				
	논술	학생부			
		교과	비교과	반영 과목	진로 선택
한양대-서울	90	0	10	-	×

등급 간 점수								
1	2	3	4	5	6	7	8	9

비교과 : 출결, 봉사, 수상 등 학생부 종합 평가

대학	내신 반영률				
	논술	학생부			
		교과	비교과	반영 과목	진로 선택
세종대	70	30	0	국, 수, 영, 사/과	○

등급 간 점수								
1	2	3	4	5	6	7	8	9
30	29.7	29.4	28.5	27	24	21	15	0

은 모든 걸 테스트해 보는 거다. 수능 최저도 높게 두고, 내신도 깐깐하게 평가하고, 논술도 잘하는 학생을 선발하고자 노력해야, 메이저 학교 틈에서 그나마 우수한 학생을 데려올 수 있다. 이런 세종대의 전략을 염두에 두면, 가장 합격 가능성이 높은 학

생은 내신과 수능 평균 3등급이나 4등급이면서 세종대 논술 준비를 착실히 한 사람이다.

영남권 두 국립대학인 **경북대와 부산대**에서 논술 전형을 시행한다. 그리고 두 대학의 반영 비율, 시험 날짜 등은 다른 적이 거의 없었다. 항상 11월 넷째 주 토요일에 논술을 시행한다. 아침에는 경북대가 치고 오후에는 부산대가 치는 식이다. (모종의 협의가 없었다고 하기엔 너무 공교롭다.) 물론 수능 최저에서는 차이가 난다. 경상 계열을 제외하고, 부산대는 2과목 합 4등급, 경북대는 2과목 합 6등급이다.

둘 다 논술/내신 반영률이 70%/30%이다. 게다가 30%가 다 교과이다. 내신 등급 점수 배정도 비슷하다. 경북대는 1등급에서 5등급까지 1점씩 깎는다. 즉 30, 29, 28, 27, 26이다. 6등급은 2점 깎아서 24이다. 부산대는 1등급에서 6등급까지 1점씩 깎는다. 즉 100, 99, 98, 97, 96, 95이다. 그러니까 경북대나 부산대 둘 다 6등급까지는 큰 페널티가 없다.

7등급부터는 다르다. **경북대는** 7등급에서 9등급까지 20, 10, 0이다. 점수 격차는 4점, 10점, 10점이다. **부산대**는 90, 60, 0이다. 점수 격차는 5점, 30점, 60점이다. 사실상 내신 7등급 이하는 두

▶ **경북대, 부산대의 내신 반영률**

대학	내신 반영률				
	논술	학생부			
		교과	비교과	반영 과목	진로 선택
경북대	70	30	0	국, 수, 영, 사/과, 국사	-

등급 간 점수								
1	2	3	4	5	6	7	8	9
30	29	28	27	26	24	20	10	0

대학	내신 반영률				
	논술	학생부			
		교과	비교과	반영 과목	진로 선택
부산대	70	30	0	국, 수, 영, 사/과, 국사	-

등급 간 점수								
1	2	3	4	5	6	7	8	9
100	99	98	97	96	95	90	60	0

국립대에서 받고 싶지 않다는 신호를 보낸다. 외고, 과고, 자사고 등 특목고 학생을 유치하기 위해 내신 반영률을 낮추되, 아무리 특목고라도 7등급 이하는 받을 수 없다는 뜻을 나타낸 것이다.

6. 내신 반영의 디테일 : 수능 후 3주차

중앙대는 논술/교과/비교과를 70%/20%/10% 반영한다. 반영 과목은 국어, 수학, 영어, 사회/과학이며 상위 5과목만 반영한다. 진로 선택은 없다. 비교과가 주로 출결이므로 실제로는 교과 20% 정도를 반영한다고 봐야 한다. 수능 최저에서도 3과목 합 6등급이되, 영어 2등급도 1등급으로 인정해 줌으로써 학생들의 수능 최저에 대한 부담을 던다.

내신 1등급부터 6등급까지는 각각 0.08점씩 점수를 깎는다. 즉 20점, 19.92점, 19.84점, 19.76점, 19.68점, 19.60점 등이다. 미세하게 점수 차이는 있지만, 1등급과 6등급이라면 충분히 논술로 역전할 수 있도록 만들어 놨다. 그런데 7등급 이하는 이야기가 달라진다. 19.20점, 16점, 8점으로 등급 간 점수 격차는 0.4점, 3.2점, 8점 등이다. 중앙대도 7등급부터는 내신 점수에서 확실한 페널티가 있다.

중앙대 논술 문제는 세 문제이다. 글자 수는 570자, 570자, 350자 등이다. 시간은 120분이므로 총 1,490자 논술을 하기엔 충분한 시간이다. 다만 지문의 수가 9개나 되니 좀 많은 편이다. 그리고 1번 문제 속에 함정이 파여 있다. 1번 문제는 하나의 완

▶ **중앙대의 내신 반영률**

대학	내신 반영률				
	논술	학생부			
		교과	비교과	반영 과목	진로 선택
중앙대	70	20	10	국, 수, 영, 사/과 (상위 5과목)	×

등급 간 점수								
1	2	3	4	5	6	7	8	9
20	19.92	19.84	19.76	19.68	19.60	19.20	16	8

성된 글로 쓰기를 요구하는데, 이것은 서-본-결의 3단 구조로 글쓰기 하기를 요구하는 것이다. 이 점을 눈치채지 못하면 함정에 빠진다. 반대로 1번 함정에 빠지지 않으면 그만큼 합격에 한 걸음 더 다가선다. 논술, 힘내라!

논술 전형의 마지막은 **광운대, 인하대, 아주대**가 장식한다. 세 학교는 전형 방법도 비슷하다. 셋 다 수능 최저가 없다. 그리고 셋 다 논술/내신 반영률도 비슷하다. 광운대와 인하대는 70%/30%이고, 아주대는 80%/20%이다. 게다가 셋 다 교과 성적만 반영하고 비교과 성적은 반영하지 않는다.

광운대는 1등급에서 6등급까지 점수가 30, 29.7, 29.4, 29.1,

▶ **광운대, 인하대, 아주대의 내신 반영률**

대학	내신 반영률				
	논술	학생부			
		교과	비교과	반영 과목	진로 선택
광운대	70	30	0	국, 수, 영, 사, 국사	-

등급 간 점수								
1	2	3	4	5	6	7	8	9
30	29.7	29.4	29.1	28.8	28.5	21	12	0

대학	내신 반영률				
	논술	학생부			
		교과	비교과	반영 과목	진로 선택
인하대	70	30	0	국, 수, 영, 사	○

등급 간 점수								
1	2	3	4	5	6	7	8	9
30	28.8	28.5	28.5	28.2	28.2	22.2	10.8	0

대학	내신 반영률				
	논술	학생부			
		교과	비교과	반영 과목	진로 선택
아주대	80	20	0	국, 수, 영, 사/과	○

등급 간 점수								
1	2	3	4	5	6	7	8	9
20	19.8	19.6	19	18	17	15	13	0

28.8, 28.5이다. 7등급에서 9등급까지는 21, 12, 0이다. 1등급에서 6등급 사이엔 일정하게 0.3점씩 점수가 낮아지지만, 7등급부터는 7.5점, 9점, 12점 등 등급이 내려갈수록 더 많은 점수가 깎인다. 노골적으로 7등급 이하에다 페널티를 주는 것이다.

인하대는 1등급에서 6등급까지 점수가 30, 28.8, 28.5, 28.5, 28.2, 28.2이다. 특이하게도 3등급과 4등급, 그리고 5등급과 6등급을 동점 처리한다. 그들 등급 간에는 내신 점수로 유불리가 발생해선 안 된다는 생각을 인하대 당국이 가졌다고 볼 수 있다. 인하대도 7등급 이하에는 가차 없는 페널티를 준다. 22.2, 10.8, 0으로 등급 간 점수 격차는 6점, 11.4점, 10.8점 등이다.

아주대의 내신 점수 배정은 좀 다르다. 7등급 이하라도 그다지 큰 페널티가 없다. 물론 9등급은 0점이다. 그러나 1등급에서 8등급까지는 아주 큰 점수 격차라고 할 수 없다. 20, 19.8, 19.6, 19, 18, 17, 15, 13 등이다. 따라서 점수 격차는 0.2, 0.2, 0.6, 1, 1, 2, 2 등이다. 만약 내신이 7등급이나 8등급인데 논술로 수도권 대학에 가고자 한다면 아주대를 노려볼 만하다. 파이팅, 파이팅, 논술!

그렇다면 세 대학의 논술 문제 양상도 알아보자. **광운대**는

750자짜리 2문제를 출제한다. 1번은 인문, 2번은 사회계열 문제이다. 지문 간, 개념 간 논리적 관계 파악이 중요하다. 그렇게 파악한 논리적 관계를 답안에 잘 드러낼 수 있어야 좋은 점수를 받을 수 있다.

인하대는 600자 내외, 1,000자 내외 두 문제가 출제된다. 1번 문제는 도표·그래프를 해석하기를 요구한다. 2번 문제는 옹호·논박형 문제이다. 특히 2번 문제는 나의 견해에 대한 상대방의 반론을 염두에 두고 재반론하라는 요구가 들어 있다. 평소에 비판형 논술 준비를 철저히 해야 인하대 논술 전형으로 합격할 수 있다.

아주대는 총 1,800자 네 문제가 출제된다. 1-1번, 1-2번은 주로 인문, 2-1번, 2-2번은 주로 사회계열 문제이다. 특히 2-1번, 2-2번 문제가 까다롭다. 도표·그래프를 제시해 놓고 해석하기를 요구하거나, 사회학 이론이나 개념을 사례에 적용하여 설명하기를 요구한다. 적용 분석형 논술 문제를 많이 연습하는 것이 필요하다.

광운대, 인하대, 아주대는 논술 전형 마지막 주에 치고, 수능 최저가 없다 보니 많은 학생이 '보험용'으로 원서를 쓰는 경향이 있다. 그런데 막상 원서만 썼지 제대로 대비하지는 않는다. 이 점이 패착으로 이어진다. 마지막까지 최선을 다한다는 생각으로 임해야만 성공적인 결과를 얻을 수 있다는 점을 잊지 않았으면 좋겠다. 힘내, 논술!

7. 상위권 대학이 내신을 잘 반영하지 않는 이유

그렇다면 정말 궁금한 점은 상위권이면서 논술만 100% 반영하거나 내신을 반영하더라도 형식적으로 반영하는 경우이다. 이들 대학은 왜 이렇게 내신을 제대로 반영하지 않는 것일까?

첫째, 지역 간, 그리고 학교 간 학생들의 실력 차이가 너무 크기 때문이다. 서울 강남에 있는 명문 고등학교의 내신 5등급 학생과 시골에 있는 고등학교의 내신 1등급 학생 중 누가 실력이 더 나을까? 대부분 대학은 서울 명문고 5등급 학생을 선택할 것이다. 안타깝게도 이것이 현실이다.

이런데도 교육부에서는 지역이나 학교 간 격차를 고려해서 등급을 매기는 일은 엄격히 금지한다. 한때 고교 등급제를 시행했다가 곤욕을 당한 대학이 몇 있다. 보통교육, 평등교육이라는 헌법 정신에 위배되기 때문이다. 그러니 대학 입장에서는 차선의 방법을 동원할 수밖에 없다. 그리고 그 차선의 방법은 내신을 아예 반영하지 않거나 반영하더라도 형식적으로만 반영하는 것이다.

둘째, 학교 교육 내용과 대학이 원하는 교육 내용 사이의 괴리 때문이다. 학교에서는 여전히 교육부가 하라는 방식으로, 교육부가 승인하는 교과서를 들고 학생들을 공부시킨다. 그것이 대학이 필요로 하는 교육 내용과 차이가 난다.

학교에서는 아직도 암기식, 주입식으로 가르친다. 그리고 시험도 5지선다식 위주이다. 아직도 20세기에 진리로 여겨지던 것을 그대로 교과서에 담고 있는 경우도 있다. 그러나 대학에서는 21세기를 넘어 미래에 대처하려면 학교 교육의 발걸음이 너무 느리다고 느낀다.

암기, 주입 방식의 교육이 나쁘다는 뜻은 아니다. 이 방식도 단기간에 많은 지식을 습득하는 데에 유용하다. 하지만 이 방법만으로는 미래 사회를 대비하기에 부족하다. 구글 검색으로도 알 수 없는 새로운 생각, 챗-GPT에게 물어볼 수도 없는 신박한(?) 아이디어를 떠올릴 수 있으려면 암기, 주입, 5지선다로는 부족할 수밖에 없다.

더 깊고 넓게 생각할 줄 아는 학생이 필요하다. 기존의 지식에 대해 건강한 의심(?)을 할 수 있는 능력이 중요하다. 그런 비판을 바탕으로 대안도 제시할 수 있어야 한다.

실제로 내신 거의 6등급인 학생이 서강대 영문과에 합격한 일이 최근에 있었다. 그 학생은 고등학교 2학년 때까지 피아니스트가 되겠다는 생각으로 내신 관리를 전혀 하지 못했다. 다행히 국제 콩쿠르에 나갈 욕심으로 영어만은 1등급을 받는 학생이었다.

고3이 되어 뒤늦게 논술 전형으로 일반 학생과 똑같은 경로로 대학에 들어가겠다고 나섰다. 1년 동안 아마 피나는 노력을 했을 것으로 본다. 결국 '인-서울' 상위권 대학 합격이라는 대단한 업적을 이뤄냈다. (소문에 의하면, 학교 담임 선생님이 큰 충격을 받고, 며칠 동안 술독에 빠져 있었다고 한다.) 할 수 있다, 논술!

2부

논술 문제의 출제 원리 알기

❶
논술을 잘하려면 왜 철학 공부가 꼭 필요할까?

1. 플라톤이 논술 문제에 출제된 사례들

다음 표는 2016학년도 모의고사, 기출 문제부터 2024학년도 모의고사까지 검토한 후 플라톤 철학이 논술 문제에 쓰인 경우를 정리한 것이다. (모의고사와 기출을 구분하여 표기하지 못한 점을 양해하길 바란다.) 9년 동안의 자료만 모아 놓고 봐도, 플라톤이 얼마나 논술 문제에 자주 출현하는지 알 수 있다.

학년도	대학	주제
2016	숙명여대	플라톤 『국가』, 선원의 비유, 숙의민주주의, 반증 가능성
	경희대	플라톤 『국가』, 동굴의 비유, 문화 상대주의, 르네 마그리트, 사해동포주의

학년도	대학	주제
2016	한양대	플라톤 『티마이오스』, 시간, 크로노스, 카이로스, 이승훈 「너를 만난 날」
	단국대	플라톤 『국가』, 동굴의 비유, 셰익스피어 『오셀로』, 세르반테스 『돈키호테』
2017	숭실대	플라톤 『메논』, 문제의 패러독스, 핀란드의 교육 방법론, 살베르그
	숙명여대	플라톤 『국가』, 동굴의 비유, 정형화, 스테레오타입, 뒤르켐, 일탈자
2018	한양대	플라톤 『변론』, 무지의 무지, 주희, J. S. 밀, 안회
	한양대-에리카	플라톤 『크리톤』, 국가의 법을 지켜야 하는 시민의 의무, 「안민가」
	경희대	플라톤 『국가』, 유토피아적 관점, 마키아벨리 『군주론』, 현실주의적 관점
2019	단국대	플라톤 『티마이오스』, 이데아론, 벤담 『서설』, 공리주의
	세종대	플라톤 『국가』, 문학의 무용성, 시인 추방론, 세르반테스 『돈키호테』
2020	연세대	플라톤 『파이드로스』, 말과 문자, 제2의 구술성, 편지 쓰기를 통한 숙고
	단국대	플라톤 『국가』, 정의론, 트라시마코스, 롤스 『정의론』, 무지의 베일

학년도	대학	주제
2021	덕성여대	플라톤 『변론』, 『프로타고라스』, 영혼의 훌륭함, 소로 『시민불복종』
	세종대	플라톤 『파이드로스』, 문자 도입의 폐해, 채만식 「미스터 방」
	이화여대	플라톤 『국가』, 문학 교육의 부도덕성, 오은 「이유 있는 여유」
	단국대	플라톤 『국가』, 동굴의 비유, 베이컨 『신기관』, 네 가지 우상, 필터버블
	숙명여대	플라톤 『국가』, 중우정치의 위험성, J. S. 밀, 혼합 대의제, 공론조사
2022	연세대-미래	플라톤 『파이드로스』, 문자와 진정한 앎의 관계, 법정, 신영복, 고정관념
	서울여대	플라톤 『향연』, 아리스토파네스, 반쪽 찾기로서의 사랑, 에피쿠로스
	단국대	플라톤 『국가』, 문학의 교훈적 효과, 넬슨 굿맨 『예술의 언어들』, 뱅크시
	숭실대	플라톤 『국가』, 도덕적 예술론, 『붉은 모델』, 『허클베리 핀의 모험』
	경희대	플라톤 『국가』, 능력주의, 분업, 분배적 정의, 마르크스, 배리어프리
	한국외대	플라톤 『국가』, 철인정치론, 엘리트와 다수대중, 콩도르세, 위키피디아

학년도	대학	주제
2023	성균관대	플라톤 『향연』, 이성, 데이비드 흄 『인간본성논고』, 감정
	홍익대	플라톤 『국가』, 이상국가론, 칼 포퍼 『열린 사회와 그 적들』, 플라톤 비판
2024	광운대	플라톤 『파이드로스』, 영혼, 목적론, 벤담, 공리주의
	가톨릭대	플라톤 『국가』, 문학 해석의 절대주의, 과학에 있어 내적·외적 접근법

2. 상·중·하위권을 가리지 않고 출제된 플라톤

더욱 심각한 것은 상·중·하위권 대학을 가리지 않고 플라톤이 문제에 나온다는 것이다. 상위권으로 분류되는 한양대 2회, 성균관대 1회, 연세대 1회. 중위권으로 분류되는 숙명여대 3회, 이화여대 1회, 경희대 3회, 한국외대 1회, 세종대 2회, 숭실대 2회, 홍익대 1회. 하위권으로 분류되는 단국대 5회, 덕성여대 1회, 연세대-미래 1회, 서울여대 1회, 한양대-에리카 1회, 광운대 1회, 가톨릭대 1회.

3. 플라톤 저서별, 주제별 분류

플라톤의 저서를 기준으로 나누어 보자. 플라톤의 『국가』가 압도적으로 많다. 『국가』는 총 16회 나왔다. 『파이드로스』는 총 4회. 『티마이오스』, 『변론』, 『향연』이 각각 2회씩 나왔다. 『메논』, 『크리톤』, 『프로타고라스』가 각각 1회씩 나왔다.

출제된 논술 문제의 주제별 분류도 의미 있다. '동굴의 비유'와 '도덕적 문학·예술론'에 관련된 논술 문제는 각각 4회씩 나왔다. '문자 도입의 폐해'와 관련하여 총 3회 나왔다. '철인정치론'과 '정의론', '이데아론'에 관련된 논술 문제는 각각 2회씩 나왔다. 그 외에는 모두 1회씩 출제되었다. '선원의 비유', '문제의 패러독스', '크로노스의 시간', '무지의 무지', '악법도 법이다', '영혼의 훌륭함', '중우정치', '이성', '에로스', '목적론' 등이 그 주제이다. 2024학년도에는 가톨릭대에서 『국가』와 펠로폰네소스 전쟁의 상호 연관성을 주제로 논술 문제가 출제된다.

이 주제들을 놓고 보면 논술 문제에는 플라톤 철학이 통째로 나온다고 할 수 있다. 너무나 광범위해서 플라톤 철학을 잘 모른 채 시험장에 들어갔다간 당혹감에 휩싸이기 십상이다. 최소한 플라톤의 『국가』에서 다루고 있는 주요한 주제 정도는 알고 들어가야 자신감 있게 답안을 쓸 수 있다. 게다가 플라톤이 논술 문제로 출제되지 않는 해는 거의 없다. 이렇게 빈도수가 높은데도 플라톤 철학 공부를 안 한다는 건 말이 안 된다.

4. 철학이 논술 문제에 출제되는 이유

플라톤뿐만이 아니다. 아리스토텔레스, 에피쿠로스, 스토아, 데카르트, 홉스, 로크, 흄, 루소, 칸트, 헤겔, 마르크스, 니체, 프로이트, 베르그송, 베냐민, 아도르노, 아렌트, 사르트르, 하이데거, 푸코, 하버마스, 롤스 등 실로 서양 철학사 전체를 망라한다. 동양 철학도 예외는 아니다. 노자, 공자, 맹자, 장자, 한비자, 순자 등 웬만한 동양 철학자는 다 나온다고 봐야 한다. 그렇다면 왜 논술 문제가 이렇게 무수한 철학자들을 인용하는 것일까?

첫째, 철학은 삶과 세계에 대한 고민의 흔적이기 때문이다. 소크라테스부터 현대 철학자에 이르기까지 모두 당대를 살면서 그들은 치열하게 삶과 세계를 고민했다. 그래서 대학에서 논술 문제로 출제하기에 이보다 좋은 재료가 없다. 학생들이 자신 앞에 놓인 삶과 세계에 대해 얼마나 치열하게 고민해 봤는지를 묻기 위해, 과거 철학자의 고민의 흔적을 끌어오는 것은 매우 적합하다.

둘째, 논술 문제 자체가 철학적 주제를 배경으로 할 수밖에 없기 때문이다. 결국 논술 문제는 학생의 인생관, 가치관, 세계관을 묻는 문제이다. 어떻게 살 것인지, 이 세계를 어떻게 이해해야 하는지, 무엇이 의미 있고 가치 있는지 등을 고민해 봤는지 묻는 게 논술이다. 인생관, 가치관, 세계관을 물으면서 철학을 피해 갈 수는 없다. 모든 철학이 바로 이것을 문제 삼고 있기 때문이다. 따라서 논술 문제는 필연적으로 철학을 배경으로 깔고 출제될 수밖에 없다.

셋째, 학교 교육의 보완 문제 때문이다. 왜 그런지 모르겠지만 한국에서는 유달리 철학 교육이 부실하다. 교과목 중 『생활과 윤리』, 『윤리와 사상』 등을 이수하지 않은 학생은 아예 철학이 무엇인지 잘 모른다. 프랑스에서는 문과, 이과 학생을 가리지 않고 철학적 주제의 바칼로레아 논술 시험을 통과하지 못하면 고등학교를 졸업할 수 없는 것과 너무나 대조적이다.

실제로 단순 지식만 암기할 줄 아는 능력으로는 심도 있게 대학 공부를 할 수 없다. 철학적 소양이 바탕에 깔린 학생이라야 폭넓고 깊이 있게 대학 공부를 할 수 있다. 그러니 대학 입장에서는 조금이라도 더 철학적 소양을 갖추었는지 옥석을 가리고 싶지 않을까?

5. 철학이 나오지 않는 논술 문제도 있지 않느냐고?

이렇게 반문하는 학생이 있을 수 있다. "선생님, 내가 본 논술 문제는 그저 시사적인 것들만 묻던데요?" 그런 문제들도 제법 많다. 그런데 그것은 오직 학생의 눈에 그렇게 보이는 것이다. 그 시사적인 사례 뒤에 있는 철학적 배경이 학생 눈에는 보이지 않기 때문에 그렇게 말하는 것이다.

앞서 '프롤로그'에서 말한, '남다른' 논술 답안을 제출하는 비법은 바로 여기에 있다. 겉으로 시사적인 것들만 다루는 것처럼 보이는 문제조차 그 이면에 숨어 있는 철학적 주제를 발견하여 답안을 작성한다면 이것이야말로 '남다른' 논술 답안이 되지 않겠나? 논술 문제 출제자도 깜짝 놀랄 만큼, 그래서 무조건 합격시켜 줄 답안이 아니겠나?

2019학년도에 연세대 신학과에 논술로 편입한 학생이 있다. (대학 편입 시험에도 논술이 늘어나는 추세이다.) 미국 뉴욕주립대

작곡과에 다니다가 중간에 다시 한국으로 돌아왔다. 미국 사회가 자신과 맞지 않다고 생각한 것이다. 나이는 벌써 29세나 되었다.

그렇지만 이 학생은 평소 철학에 대한 관심이 남달랐다. 1년 동안 서양 철학사의 고대부터 현대에 이르기까지 대부분을 함께 공부했다. 관련된 기출 문제도 빠짐없이 풀었다. 즉, 답안 작성하고 첨삭하는 공부를 수없이 반복했다.

1년 후 연세대 신학과에 편입 논술을 쳐서 합격했다. 당시 선발 인원은 불과 3명이었다. 대학 들어간 후 전공 교수 중 한 명이 당시 채점 위원이었던 모양이다. 이 학생에게 한 말, "네가 쓴 답안이 가장 눈에 띄더라." 다시 한번, 논술, 파이팅!

❷

논술로 한양대 들어가기

1. 한양대 인문계열의 어마어마한 논술 경쟁률?!

2023학년도와 2024학년도, 2년 동안 연속해서 논술 전형 경쟁률이 오른 대학은 6개 대학이다. 한양대, 중앙대, 건국대, 이화여대, 인하대, 숙명여대 등이 바로 그 대학이다. 한양대는 107.94:1에서 111.55:1로 높아졌다. 하지만 여타 대학은 2년 연속 경쟁률 상승만 있을 뿐, 한양대처럼 100:1의 높은 경쟁률을 보이진 않는다.

100:1 수준의 높은 경쟁률을 보인 학교는 한양대와 서강대, 성균관대 등이다. 그러나 서강대, 성균관대는 경쟁률이 오르락내리락한다. 한양대만 2년 연속해서 경쟁률이 오른다. 2024학

▶ 서울 내 주요 대학 논술 전형 경쟁률 추이

대학	수능 최저	고사 시기 (수능 전후)	2024				2023			
			모집	지원	경쟁률	증감	모집	지원	경쟁률	증감
한양대	×	후	236	27,033	114.55	▲	246	26,553	107.94	▲
서강대	○	후	175	19,703	112.59	▲	175	16,551	94.58	▽
성균관대	○	후	398	39,158	98.39	▽	360	36,690	101.92	▲
중앙대	○	후	478	40,642	85.03	▲	424	33,608	79.26	▲
경희대	○	후	483	32,907	68.13	▲	487	31,138	63.94	▽
건국대	○	후	434	23,160	53.36	▲	434	22,945	52.87	▲
동국대	○	후	304	15,749	51.81	▽	307	17,070	55.60	▲
이화여대	○	후	300	14,839	49.46	▲	310	11,393	36.75	▲
인하대	△	후	459	20,345	44.32	▲	469	18,763	40.01	▲
연세대	×	전	355	14,972	42.17	▲	346	13,483	38.97	▽
숙명여대	○	후	217	8,743	40.29	▲	227	8,689	38.28	▲
한국외대	△	후	486	18,547	38.16	▲	473	16,553	35.00	▽

년도 한양대는 236명 모집에 27,033명이 지원했다. 그래서 1명 합격하기 위해 113명 이상의 불합격자가 생긴다고 볼 수 있다.

한양대는 2023학년도에도 경쟁률 107.94 대 1로 1등이다. 246명 모집에 26,553명이 지원했다. 1명의 합격자를 위해 무려 106명 이상의 불합격자가 발생한다. 통상 한 해 경쟁률이 높으면 그다음 해엔 경쟁률이 떨어진다. 서강대, 성균관대처럼 말이다. 그런데 한양대는 경쟁률 1위를 2년 연속 차지한다. 한양대 논술 전형 경쟁률은 왜 이렇게 높을까?

2. 상위 10위권 모집 단위의 순위

이 자료는 문과와 이과를 구분하지 않은 자료이다. 그러나 세부 학과 경쟁률을 보더라도 한양대 논술 경쟁률이 높은 것은 마찬가지다. 문·이과 통합 경쟁률 순위에서 상위는 당연히 의예과, 약학과, 수의예과 등이 차지한다. 그 사이, 경희대 한의예과(인문)가 7위에 있지만, 이 학과는 사실상 이과나 다름없다.

▶ 2024학년도 경쟁률 상위 모집 단위 (1~10위)

순위	대학	모집 단위	모집	지원	경쟁률
1	인하대	의예과	8	5,286	660.75
2	성균관대	의예	5	3,158	631.60
3	성균관대	약학	5	2,900	580.00
4	이화여대	약학부 약학전공	5	2,446	489.20
5	아주대	의학과	10	3,982	398.20
6	건국대	수의예과	6	2,268	378.00
7	경희대	한의예과(인문)	5	1,811	362.20
8	동국대	약학과	5	1,622	324.40
9	고려대-세종	약학과	6	1,814	302.33
10	가톨릭대	약학과	8	2,308	288.50

3. 상위 20위권 안에 있는 한양대 모집 단위

▶ 2024학년도 경쟁률 상위 모집 단위 (11~20위)

순위	대학	모집 단위	모집	지원	경쟁률
11	한양대	미디어커뮤니케이션학과	5	1,415	283.00
12	한양대	정치외교학과	4	1,098	274.50
13	연세대-미래	의예과	15	3,878	258.53
14	한양대	사회학과	4	950	237.50
15	가톨릭대	의예과	19	4,308	226.74
16	한양대	관광학부	4	828	207.00
17	한양대	연극영화학과(영화전공)	4	824	206.00
18	한양대	철학과	3	616	205.33
19	중앙대	의학부	19	3,865	203.42
20	서강대	시스템반도체공학과	3	594	198.00

그런데 순위 범위를 20위까지 넓히면 얘기가 달라진다. 11위 한양대 미디어커뮤니케이션학과, 12위 한양대 정치외교학과, 14위 한양대 사회학과, 16위 한양대 관광학부, 17위 한양대 연극영화학과(영화전공), 18위 한양대 철학과 등 한양대 인문·사회 계열 학과가 무려 6개나 들어가 있다.

4. 상위 30위권 안에 있는 한양대 모집 단위

▶ **2024학년도 경쟁률 상위 모집 단위 (21~30위)**

순위	대학	모집 단위	모집	지원	경쟁률
21	한양대	국어국문학과	4	789	197.25
22	한양대	사학과	4	789	197.25
23	경북대	치의예과	5	974	194.80
24	경희대	의예과	15	2,814	187.60
25	경북대	수의예과	10	1,766	176.60
26	중앙대	약학부	25	4,414	176.56
27	경희대	약학과	8	1,412	176.50
28	한양대	국어교육과	3	524	174.67
29	경북대	의예과	10	1,745	174.50
30	한양대	컴퓨터소프트웨어학부	16	2,497	156.06

순위를 30위까지 넓혀 보자. 21위 한양대 국어국문학과, 22위 한양대 사학과, 28위 한양대 국어교육과 등 인문계열 학과만 3개가 들어 있다. 나머지는 모두 치의예과, 의예과, 수의예과, 약

학과, 컴퓨터소프트웨어학부 등인데 말이다. 30위권 안에 인문·사회계열이 무려 9개나 들어가 있으니, 결국 2024학년도 한양대 논술 경쟁률을 끌어올린 것은 인문·사회계열 학과라고 봐야 한다. 그 이유가 뭘까?

5. 한양대 인문계열 논술이 인기 최고인 이유

첫째, 수능 최저가 없기 때문이다. 수능 최저등급 커트-라인에 부담을 느낀 수험생들이 대거 한양대에 지원했을 가능성이 높다. 하지만 이런 경우 한양대 논술 전형에 실패할 가능성이 높다. 수능 최저가 없다고 무조건 한양대에 합격하리란 헛된 꿈을 꿀 것이기 때문이다.

둘째, 내신 반영률이 거의 '제로'이기 때문이다. 2년이 넘도록 내신 성적을 제대로 올리지 못한 학생은 자연히 내신 성적을 반영하지 않는 대학에 지원하게 된다. 그중 하나가 한양대인 셈이다. 하지만 이것 또한 오판이다. 한양대뿐만 아니라 논술 전형을 시행하는 30여 대학들은 원래 내신을 미미하게 반영했다. 그래서 한양대가 내신 반영률을 거의 '제로'로 만든 것은 전혀 새삼스럽지 않다.

셋째, 논술 문제가 '심플'하기 때문이다. 인문계열과 사회계열은 같은 논술 문제에 응시한다. 게다가 1시간 30분, 즉 90분 동안 1,200자 답안 하나만 쓰면 된다. 수리논술도 없고 영어 지문도 없다. (하필이면 이들 학과 모두가 수리논술과 상관없는 학과이다.) 도표, 그래프조차 나오는 경우가 드물다. 그러니 한번 해볼 만하다고 생각할 밖에…. 그러나 이것이야말로 최고의 오판이다.

6. 한양대 인문 논술 문제에 출제된 주제와 지문

한양대 논술 문제의 주제는 만만치 않다. 2024 모의 문제는 공동체적 연대의 바람직한 방법이 무엇인지 고민하기를 요구한다. 기존의 연대 방식은 단일한 이념에 기반한 강제적이고 기계적인 연대이다. 그러나 그런 연대 방식으로는 진정한 공동체 의식을 끌어낼 수 없다. 서로의 차이를 인정한 분업적 연대를 이루어야 비로소 공동체 의식이 싹틀 수 있다.

2023 인문-1 문제는 '확증 편향' 문제를 해결할 방법을 모색하라고 요구한다. 2023 인문-2 문제는 가장 바람직한 합리적 선택을 위해선 어떤 원칙을 따르는 게 좋은지 판단하라고 요구한다. 2023 모의 문제는 한스 요나스의 '책임 윤리' 개념을 정현종의

▶ 최근 한양대 논술 주제와 지문들

학년도	모의 / 기출	문제	지문
2024	모의 (인문)	분업에 기반한 새로운 연대의 필요성	에밀 뒤르켐, 『사회 분업론』
			주 여왕의 폭정, 언론 통제
			나희덕, 「흔들리는 것들」
2023	인문-1	확증 편향 문제의 해결책	확증 편향의 개념
			드레퓌스 사건, 조르주 피카르 중령
			연암 박지원, 『서화담 이야기』
	인문-2	바람직한 '합리적 선택'	압도의 원리 개념
			최소극대화의 원리 개념
			최대극대화의 원리 개념
	모의 (인문)	책임 윤리의 문제	한스 요나스, 『책임의 원칙』
			찰스 테일러, 『불안한 현대사회』
			정현종, 「방문객」
2022	인문-1	리터러시의 문제	조병영, 『읽는 인간, 리터러시를 경험하라』
			브렉시트와 런던의 빨간 버스
			각 국가의 리터러시 격차 문제
	인문-2	사회간접자본과 윤리적 소비	공공재, 공공성, 비경합성, 비배제성
			아르헨티나의 철도 민영화 문제
			윤리적 소비
	모의 (인문)	매체에 따른 리터러시의 차이	메이런 울프, 『다시, 책으로』
			유하, 「자동문 앞에서」
			데이터, 정보, 지식, 지혜의 위계

시 「방문객」에 적용하여 해석하기를 요구한다.

2022 인문-1 문제는 영국의 브렉시트 문제가 런던 시민의 문해력 부족에서 비롯되었다고 지적하고, 문해력 차이를 해소할 수 있는 방법을 모색하라고 요구한다. 2022 인문-2 문제는 아르헨티나 철도가 민영화되자 공공성은 없고 공공재로서의 폐해만 있다고 지적한 후, 이 문제를 해결하는 데 '윤리적 소비'가 어떤 역할을 할 수 있는지 고민하기를 바란다. 2022 모의 문제는 전자책보다 종이책으로 글을 읽는 게 문해력을 훨씬 좋게 한다는 점을 지적하며, 데이터에서 지혜에 이르기 위해 어떤 노력이 필요한지 묻고 있다.

7. 한양대 인문 논술 문제에 대한 가장 확실한 대비책

한양대 인문 논술 문제는 대부분 대책형 문제이다. 주어진 사회 문제를 해결하기 위해 어떤 대책이 필요한지 학생 스스로 고민해 보기를 요구한다. 그런데 대책형 논술 답안을 잘 쓰려면 당연히 분석과 비판도 잘해야 한다. 분석과 비판이 선행하지 않은 대책은 없기 때문이다. 결국 한양대 논술 문제는 학생들의 분석력, 비판력, 대책 제시 능력 등을 모두 테스트하고자 한다.

따라서 한양대 논술 문제는 수동적이고 소극적인 자세를 취하는 학생에게는 '취약'이다. 적극적이고 능동적으로 자신의 사유 능력을 발휘할 수 있어야 좋은 답안을 쓸 수 있다. 학교나 학원에서 그저 주입받은 지식을 달달 외우기만 한 학생은 쉽게 접근할 수 없다. 사회 문제에 대한 구체적인 대책, 대안을 내놓기를 요구하니, 그런 학생은 난감하기 그지없다.

그런 면에서 한양대 논술로 쉽게 '인생 역전'하겠다는 생각은 헛된 꿈이다. 경쟁률도 높고 논술 문제 난이도도 최고다. 수많은 한양대 지원자 중 극소수의 합격하는 사람은 이미 상당한 준비를 한 사람이다. 분석력, 비판력, 대책 제시 능력까지 완벽하게 준비한 학생이다. 그런 준비 없이 지원한 사람 대부분은 무모하게 도전해서 원서비만 날린다.

다시 한번 강조하지만, 한양대 논술 전형으로 합격하고자 한다면, 진작부터 착실히 준비해야 한다. 적어도 1년은 준비해야 하지 않을까? 그런데 달리 생각해 보면, 1년 넘게 착실히 준비한 학생에게는 참 좋은 기회가 된다고 할 수 있다. 경쟁률만 엄청나게 높을 뿐, 대부분 한양대 논술을 착실히 준비하지 않기 때문이다.

한양대 논술 전형은 명목상 경쟁률과 실질 경쟁률이 엄청나게 차이 난다고 볼 수 있다. 명목상 경쟁률은 100:1을 훌쩍 넘지만, 합격할 만큼 충분히 준비한 학생만 놓고 보면 아주 낮은 경쟁률일 것이라 짐작된다. 그러니 한양대 논술을 충분히 준비한 학생에게는 합격할 수 있는 절호의 기회인 것이다.

❸

논술 문제는 어떤 과정으로 만들어질까?

1. 인문·사회계열에서 통합적인 주제를 선정하고 관련 지문을 모은다.

연세대의 최근 4년 동안의 기출 문제를 살펴보는 것만으로 충분히 알 수 있다. 2020학년도와 2021학년도에는 인문계열과 사회계열로 나누어 논술 시험을 시행했는데, 2022학년도부터는 아예 인문계열과 사회계열을 통합하여 단일한 논술 시험을 시행한다. 인문계열과 사회계열로 굳이 나눌 필요가 없다는 판단에서 그렇게 한 것이다.

2020학년도 인문계열의 지문을 보자. 게오르크 카이저의 희곡『칼레의 시민들』은 교과서에 실린 문학작품이다. 셸리 케이

건의 책 『Death』는 굳이 분류하자면 철학 분야이다. 제임스 레이첼즈의 책 『Moral Problems』는 사회학으로 분류된다. 아넷 버코의 『스마트 폭탄 — 여성들과 어린이들의 자살 테러』는 도덕성과 합리성을 비교 실험할 수 있는 통계학적 자료이다.

2022학년도에는 아예 인문·사회 통합 논술 문제가 출제된다. 뤼트허르 브레흐만의 『휴먼카인드 — 감춰진 인간 본성에서 찾은 희망의 연대기』에는 금전적 보상이 내재적 동기, 도덕적 감각 등을 둔화시킨다는 내용이 나온다. 마이클 샌델의 『공정하다는 착각 — 능력주의는 모두에게 같은 기회를 제공하는가?』에는 개인의 성취가 사실 우연과 사회적 조건에 의해 이루어진 것이라는 내용이 나온다. Hoffman 등의 『Games and Economic Behavior』에는 '최후통첩 게임'으로 금전적 보상과 내재적 동기의 상관관계를 실험한 내용이 나온다.

2023학년도에는 고대 동양 철학자 묵자와 근대 서양 철학자 베이컨, 그리고 현대의 미래학자 토플러 등이 지문으로 나온다. 묵자와 공수반은 각각 응용 기술과 순수 학문을 대표한다. 베이컨과 토플러도 각각 순수 학문과 응용 기술을 강조하는 상반된 입장을 드러낸다. 그러나 자세히 들여다보면 이들 지문은 단순한 이분법으로 나눌 수 없다. 순수 학문과 응용 기술은 명확한

▶ 최근 연세대 인문·사회계열 논술 문제 지문들

학년도	계열	주 제	출 처
2020	인문	'합리성'과 '도덕성'의 상관관계	게오르크 카이저 『칼레의 시민들』
			셸리 케이건 『Death』
			제임스 레이첼즈 『Moral Problems』
			아넷 버코 『스마트 폭탄: 여성들과 어린이들의 자살 테러』
	사회	'소문'과 '가짜 뉴스'의 인문·사회적 효과	『동광(東光)』 1931년 7월호에 실린 수필
			시부타니 타모츠 『Improvised News: A Sociological Study of Rumor』
			헨리 데이비드 소로 『월든』
			소셜 네트워크 서비스(SNS) 내 자료에 대한 계량적 분석 결과
			토마스 홉스 『리바이어던』
2021	인문	'책임소재', '개인과 사회의 책임', '문화 차이', '차별'	아리스토텔레스 『니코마코스 윤리학』
			김지혜 『선량한 차별주의자』
			윌킨슨과 피켓 『The Spirit Level』
			마커스와 코너 『Clash!』
	사회	직업과 행복의 상관관계	칼 야스퍼스 『역사의 기원과 목표』
			존 메이나드 케인스 「우리 손주 세대의 경제적 가능성」
			양귀자 『원미동 사람들』
			크레이그 램버트 『Shadow Work』

2022	인문 · 사회	'정의와 불평등', '분배적 정의', '업적주의'	뤼트허르 브레흐만 『휴먼카인드 : 감춰진 인간 본성에서 찾은 희망의 연대기』
			마이클 샌델 『공정하다는 착각 : 능력주의는 모두에게 같은 기회를 제공하는가?』
			Hoffman 등 『Games and Economic Behavior』
2023	인문 · 사회	순수 학문과 응용 기술의 대비	루쉰, 『묵자』
			프란시스 베이컨(Francis Bacon), 『신기관(Novum Organon)』
			앨빈 토플러, 『미래의 충격』
2024	인문 · 사회	세계시민주의	피터 싱어, 마사 누스바움, 칸트, 디오게네스, 스토아
			콰메 앤터니 애피아(Kwame Anthony Appiah), 『세계시민주의(Cosmopolitanism: Ethics in a World of Strangers)』
			금희, 소설 『세상에 없는 나의 집』

경계선이 없다. 마치 인문과학과 사회과학의 경계선이 불분명한 것과 같다.

2024학년도에는 세계시민주의가 중심 주제이다. 디오게네스, 스토아, 칸트, 누스바움, 싱어 등 고대에서 현대에 이르기까지 이상적 세계시민주의를 주장한 무수한 철학자가 있었다. 그러나 민족주의가 무성한 시대에 세계시민주의를 단번에 실현하는 일은 불가능하다. 차라리 민족이나 국가의 특수성과 개별성을 전제하고 세계시민주의를 실현코자 하는 것이 좀 더 현실적이다. 따라서 이 문제에서는 이상적, 급진적 세계시민주의와 현실적, 온건적 세계시민주의를 명확히 구분해서 아는 것이 중요하다.

따라서 인문·사회 논술 전형에 지원하는 학생들은 인문과 사회에 관련하여 통합적인 학습을 할 필요가 있다. 문학, 철학, 역사, 사회학, 정치학, 경제학 등 광범위한 지식을 섭렵하고, 그 속에서 단일한 주제를 끌어낼 줄 알아야 한다. 논술 문제 출제자는 그런 통합적 능력을 지닌 학생을 뽑고자 하니까…. 물론 이 중에서 가장 중심이 되어야 하는 것은 단연코 철학이다.

2. 분석형, 비판형, 대책형 등으로 문제 유형을 안배한다.

분석형과 비판형, 대책형은 별개일 수 없다. 왜냐하면 분석을 할 수 있어야 비판이 가능하고, 비판을 했으면 반드시 해결책이나 대안을 제시할 수 있어야 하기 때문이다. 그래서 논술 문제 출제자 입장에서는 세 유형의 문제를 언제나 통합적으로 고려한다. 통상 1번 문제에 요약 분석형이나 비교 분석형을 배치하고, 2번 문제에 비판형을 배치하며, 3번 문제에 대책형을 배치하는 식이다. 물론 대학마다 각 유형 문제의 순서를 바꾸기도 한다.

2023학년도 성균관대 인문·사회 모의고사 1번은 "제시문 [1] ~ [4]는 인간의 행위가 무엇에 기초하는지에 관한 견해를 담고 있다. 제시문들을 상반된 두 입장으로 분류하고 각 입장을 요약하시오."이다. 전형적인 요약과 비교 분석을 요구하는 문제이다.

2023학년도 경희대 인문·체육 모의고사 2번은 "[라]~[사]에서 입장이 유사한 두 부류로 묶어 그 중 한 입장을 선택해 요약하고, 이를 바탕으로 다른 입장을 비판하시오."이다. 이 문제는 요약·비교 분석 문제와 비판 문제를 결합해 놓았다.

2023학년도 단국대 인문 모의고사 3번은 "[가], [나], [다]를 서로 연관 지어 설명하고, [다]의 각 문제에 가장 적절한 [라]의 설명 하나를 찾아, [다]의 각 문제를 해결하기 위한 방안을 제안하시오."이다. 문제점이 발생한 원인이나 이유를 분석한 후, 해결

방안을 제시할 것을 요구하는 대책형 문제이다.

3. 지원 학생을 고려하여 미세 조정한다.

상위권 대학에 지원하는 학생과 중위권, 하위권 대학에 지원하는 학생들의 논술 능력에 차이가 벌어지는 게 현실이다. 그래서 위 세 가지 문제 유형의 배율이 달라진다. 연세대는 1-1번, 1-2번 등 두 문제를 모두 비판형으로 출제하고, 2-1번은 도표나 그래프 등 자료를 분석한 후, 비판하기를 요구하는 문제를 출제하며, 2-2번은 수리논술 문제로 출제한다. 비판형이 많을수록 수험생이 어려워하고 변별력이 높다는 것을 아는 것이다.

반대의 경우도 있다. 2023학년도 성신여대 인문 모의고사 1번은 초인플레이션의 원인 분석, 최고급 호텔에 묵을 수 있는 이유 분석 등 두 문제 다 분석형이다. 게다가 2번은 경제 현상의 원인 분석과 통화정책에 따른 부정적 효과 분석을 요구한다. 오로지 분석형으로만 문제를 구성했다. 그래서 하위권 대학일수록 분석형에 치우친다는 것을 알 수 있다.

4. 난이도를 조정한다.

똑같은 분석형이라도 요약 분석형이냐, 비교 분석형이냐, 도표·그래프 분석형이냐에 따라 난이도 차이가 난다. 마찬가지로 똑같은 비판형이라도 A 관점에서 B를 비판하라는 식이냐, A와 B 두 관점 중 하나를 옹호하고, 나머지 하나를 논박하라는 식이냐에 따라 난이도 차이가 난다.

대책형에서도 마찬가지이다. 비판형 문제와 결합된 대책형 문제는 비판 대상에는 없는 제3의 대안을 제시하라는 문제이다. 문제의 원인이나 이유를 분석한 뒤에 결합된 대책형 문제는 문제 해결책을 제시하라는 문제이다.

글자 수로도 난이도를 조정한다. 분석형보다 비판형, 비판형보다 대책형의 글자 수가 늘어날수록 문제의 난이도가 높아진다. 2005학년도부터 본격적으로 대학 논술 문제는 작은 문제로 잘게, 잘게 나누어서 출제된다. 그래서 수험생 자의로 답안 전체 중에서 특정 유형의 답안 비중을 늘릴 수 없다. 따라서 비판형이나 대책형의 비중을 늘리는 대학은 상위권, 분석형의 비중을 늘리는 대학은 하위권일 수밖에 없다.

5. 모범 답안을 작성한다.

논술 문제 출제자가 그 논술 문제의 취지를 고려하여, 반드시 이런저런 요소들은 답안에 포함되어 있어야 한다는 생각으로 모범 답안을 작성한다. 그런데 프롤로그에서도 말했지만 이런 출제자 내지 모범 답안 작성자의 의도는 언제나 빗나갈 수밖에 없다. 대학에서 모범 답안을 공개하면 수많은 학생들이 마르고 닳도록 그것을 흉내 내어 연습할 것이기 때문이다.

6. 제한된 시간과 답안 글자 수가 서로 부합하는지 여부를 따진다.

연세대는 제한 시간이 120분이면서 써야 할 답안의 분량은 2,400여 자이다. 38개 대학 중에서 제한 시간 대비 글자 수가 가장 많다. 이것을 계산해 볼 필요가 있다. 한국어의 띄어쓰기를 고려하면 3글자 당 한 개의 빈칸이 생긴다. 그렇다면 실제로 1,800자 정도의 글자를 답안에 써야 한다. 한 글자 당 1초가 걸린다면 1,800초가 필요하니까, 적어도 30분의 글씨 쓰는 시간이 필요하다.

그런데 2,400자 내외이므로 사실은 3,000자 정도 써야 할 가능성이 높다. 왜냐하면 연세대는 특이하게도 글자 수가 많다고 해서 감점시키지 않기 때문이다. 오히려 글자 수가 많은 건 응시생이 더 적극적으로 자신의 논술 능력을 발휘한 것이라고 평가한다. 결국 답안 작성을 제대로 하려면 40분 정도는 필요하고, 남은 80분 동안 문제 분석, 지문 분석, 답안 작성에 대한 심사숙고 등을 해야 한다.

이런 점들 때문에 상위권 대학이냐, 중·하위권 대학이냐에 따라 제한 시간과 답안 글자 수의 상관관계를 면밀히 검토할 수밖에 없다. 연세대와 같은 상위권 대학은 제한된 시간 안에 많은 글자 수의 답안을 쓰기를 요구한다. 덕성여대의 경우 90분 동안 500자 내외의 문제 2문제, 즉 1,000자 내외를 작성하면 되도록 문제를 출제한다.

7. 논리적 정합성 여부를 따진다.

문제에서는 원인을 분석하라고 되어 있는데, 실제 답안 작성을 할 때 분석이 아니라 평가를 해야 한다면 논술 문제를 잘못 출제한 경우이다. 문제가 두 가지 이상을 비판하라고 했는데, 학생 입장에서 볼 때 한 가지도 비판할 것이 없다면 난감하기 그지없다. 그래서 출제자가 논술 문제를 출제할 때 가장 신경 쓰는 부분이다. 역으로 학생 입장에서는 어떤 논리적 정합성을 신경 써서 문제를 출제했는지 찬찬히 들여다보는 훈련을 많이 할 필요가 있다.

8. 정치적 민감 사항 여부를 검토한 후 최종 확정한다.

논술 문제가 가장 최근에 벌어진 사건과 관련되어선 안 된다. 아울러 답안 작성도 시사적인 사건을 예로 들거나 인용하는 것은 좋지 않다. 최근의 사건이라는 것은 아직도 논란의 여지가 있는 사건이다. 그래서 만약 이런 것들을 논술 문제로 출제하거나 답안 작성에 활용하게 되면 당장 정치적 논쟁의 대상이 된다. 먼 과거의 철학자를 데려와서 논술 문제를 출제하는 이유도 바로 여기에 있다. 대체로 현재로부터 멀수록 대상이 되는 지식의 확실성 정도가 높으니까 말이다.

❹ 논술 능력은 선천적일까, 후천적일까?

1. 책 읽기와 논술은 상관있을까?

논술을 배우기 위해 상담을 하러 오는 학부모님 대부분은 이런 말씀들을 자주 하신다. “우리 애가 어릴 때부터 책을 좋아해서 아마 선생님이 조금만 지도해 주시면 금세 논술을 잘할 수 있을 거예요.” “우리 애는 도대체 공부도 못하고 책은 죽으라고 안 읽어서 아무리 논술을 가르쳐도 못할 거예요.”

이 말들은 모두 틀렸다. 논술과 책 읽기, 학교 성적의 상호 영향력은 미미하다. 완전히 상관없다고 말하지는 못하지만, 그렇다고 긴밀하다고 말할 수도 없다. 왜 그럴까?

첫째, 읽은 책이 무엇이냐를 따져보지 않고 함부로 그 학생의 논술 능력을 속단할 수 없기 때문이다. 만화책을 많이 읽었느냐, 문학책을 많이 읽었느냐, 아니면 철학책을 많이 읽었느냐에 따라 독서 경험의 논술 능력에 대한 영향력은 다르다.

둘째, 어떤 방식으로 독서했느냐를 모른 채 무조건 그 학생을 판단할 수 없기 때문이다. 만화책을 읽더라도 그 학생이 수박겉핥기 식으로 책장을 넘겼느냐, 아니면 곰곰이 생각하며 책장을 넘겼느냐에 따라 다르다. 수박겉핥기 식으로 책장을 넘기는 학생은 자신에게 즐거움을 주는 것에만 관심을 가진다. 그런 학생은 전혀 심도 있는 사유를 하지 않는다. 사유를 동반한 독서가 무엇보다 중요한 것이다.

셋째, 논술 능력은 선천적 능력과 아무런 상관이 없기 때문이다. 어릴 때부터 책을 잘 읽었다는 것은 선천적인 독서 능력이 뛰어나다는 것을 의미한다. 그런 선천적인 독서 능력이 뛰어난 학생만 논술 능력도 뛰어나서 대학에 쉽게 갈 수 있다면, 논술 제도는 폐지시키는 게 마땅하다.

2. 노력하면 얼마든지 논술 실력을 키울 수 있다.

객관적으로, 그리고 공정하게 선발하는 제도라면, 당연히 후천적인 노력을 더 많이 기울인 학생이 합격도 하는 제도이어야 한다. 만약 선천적 능력 여부로 합격자와 불합격자가 정해진다면 논술 제도는 불공평, 차별이 극치인 제도라고 해야 할 것이다. 그래서 민주국가 안에서 치는 대학 선발 제도로서는 부적합하다. 그런데도 무려 38개 대학에서 논술 제도를 시행하는 것을 보면 논술은 선천적인 것과 거리가 멀다.

논술 능력은 충분히 후천적인 노력으로 키워질 수 있다. 더 열심히 공부하고 준비하고 연습할수록 더 합격할 가능성이 높다. 논술은 학생들이 노력한 만큼 그 대가를 정확히 지불하는 제도이다. 대학뿐만 아니라 로스쿨, 국정원, 수자원공사, 교사 임용시험 등 국가고시에 논술이 도입된 이유도 여기에 있다.

다만 선천적인 요소가 완전히 영향이 없다고 말하진 못한다. 아무리 열심히 가르쳐도 논술 실력이 늘지 않는 학생도 있는 것은 사실이다. 하지만 경험에 비추어 볼 때 이런 학생은 아주 극소수이다. 그런 극소수의 학생의 경우를 전체에다 일반화할 필요는 없다. 대부분 학생은 열심히만 하면 논술 전형으로 소망하는 대학에 합격할 수 있다.

3. 논술 실력을 키우는 가장 좋은 방법

논술 실력을 늘리는 가장 좋은 방법은 뭘까? 학생 글을 선생이 최초로 첨삭할 때가 중요하다. 이때 단조롭게 '지적질'(?)하는 식의 첨삭은 도움이 안 된다. 그래선 글쓰기 실력이 향상되지 않는다. 지적도 해야겠지만 선생이 직접 글을 써서 학생에게 비교해 보도록 해야만 학생이 자기 글의 잘못을 빨리 눈치챈다.

그다음엔 '리라이팅'Re-writing이다. 최초 첨삭을 받고 자기 잘못을 알았는데도, 후속 대책을 세우지 않으면 논술 실력은 늘지 않는다. 그 후속 대책이 바로 '다시 쓰기'이다. "저 선생은 저렇게 썼는데, 나는 이렇게 써서 문제가 있군. 이 부분을 고쳐서 다시 써 봐야겠군." 이런 생각을 떠올리며 과감히 다시 쓰기를 실행해야 한다.

다시 쓴 글을 선생이 한 번 더 첨삭해 줄 수 있으면 좋다. 그리고 다시 썼는데도 여전히 미흡하다면 또다시 쓸 필요가 있다. 이렇게 '라이팅 → 1차 첨삭 → 1차 리라이팅 → 2차 첨삭 → 2차

리라이팅 → …'을 거듭하다 보면 어느새 학생의 논술 글쓰기 실력은 일취월장하고 괄목상대한다. 한마디로 후천적 노력을 얼마나 기울였느냐가 논술 실력에서 관건이다.

2015학년도에 고려대 통계학과와 한양대 통계학과를 둘 다 논술 전형으로 합격한 학생이 있다. (드디어 2025학년도부터 고려대도 논술 전형이 시행된다.) 그 학생은 논술 답안 한 편당 많게는 10번의 리라이팅을 했다. 정말 지독하게 리라이팅을 한 학생이다. 처음에는 가망이 보이지 않았는데, 점차 실력이 늘어 "그만해도 되겠다!"라는 말이 저절로 나올 지경이었다. 그러니 열심히만 하면 된다.

❺
논술 문제에 파 놓은 함정들

1. 영어 지문으로 독해 능력을 테스트하는 대학이 있다.

학생 자신이 영어가 약한데 영어 지문이 들어 있는 대학의 논술 전형에 응시한다고 생각해 보라. 절망적이기 그지없다. 그러니 어느 대학에 영어 지문이 출제되는지를 정확히 알아야 한다. 2023학년도 현재 영어 지문이 나오는 학교는 연세대, 한국외대, 이화여대 등이다.

연세대는 인문·사회계열을 통합하여 논술 문제를 출제하며 영어 지문의 길이도 가장 길다. 3~4문단, 한 문단의 줄 수 10줄 정도이다. 게다가 영어 지문을 해석하지 못하면 논술 문제 전체를 이해할 수 없도록 문제를 출제해 놓았다. 명확히 고난도 영어 독해 능력을 테스트하고자 하는 의도를 드러낸다.

이화여대와 **한국외대**는 둘 다 인문계열에서만 영어 지문을 출제한다. 이화여대는 10줄짜리 2문단 정도이고, 한국외대는 10줄짜리 1문단 정도이다. 난이도도 비슷하다. 이화여대나 한국외대는 수능 영어 2등급이면 능숙히 해석할 수 있는 정도의 지문을 출제한다.

2. 인문계열인데도 수리논술 능력을 테스트하는 대학이 있다.

대부분 인문계열 학생들이 수리논술에 약하다. 최근에는 문과, 이과 구분이 없어지면서 이과 학생이 인문계열에 지원하는 예가 빈번한데, 특히 수리논술 문제를 출제하는 대학이나 학과를 집중적으로 노린다. 그래서 수리논술에 약하다고 자각하는 학생이라면 특히 유의해야 한다.

연세대의 수리논술은 지상최강이다. 인문계열이든 사회계열이든 상관없이 수리논술 문제를 풀 수 있어야 한다. 2-1번은 도표나 그래프를 보고 그 속에 담긴 인문적, 사회적 함축 의미를 해석하기를 요구한다. 2-2번은 미분, 적분, 확률, 통계, 함수 등을 가리지 않고 출제한다. 그러니까 문과 학생이라도 이과 수준의 수리논술 준비를 해야 합격할 수 있는 것이다.

한양대 상경 계열이 그다음 난이도를 자랑한다. 다행히 한양대는 인문계열과 상경 계열을 구분하여 논술 문제를 출제한다. 인문계열 논술 문제에는 수리논술이 없지만, 상경 계열 논술 문제에서는 연세대 수리논술에 버금가는 정도로 출제된다.

경희대 수리논술은 사회1과 사회2로 나누어서 알고 있어야 한다. 사회1은 정치외교학과나 사회학과 등의 응시자가 치는 시험이고, 사회2는 한의예과(인문)이나 경영학과, 경제학과 등이 치는 시험이다. 당연히 사회1보다 사회2의 난이도가 월등히 높다. 사회1은 도표, 그래프 해석 문제나 간단한 계산 문제가 주로 출제되고, 사회2는 연세대나 한양대 상경 계열 수준의 수리논술 문제가 출제된다.

건국대는 이와 또 다르다. 인문·사회계열과 경제·경영계열로 나누어 논술을 시행한다. 두 계열 다 1번 문제는 도표나 그래프를 해석하기를 요구하는 문제로 출제된다. 2번 문제에서는 갈린다. 경제·경영계열에서만 수리논술 문제가 출제된다. 등비수열, 확률과 통계, 연립방정식 등 가리지 않고 문제가 출제된다.

중앙대, 이화여대, 숭실대는 비슷한 양상으로 수리논술 문제를 출제한다. 경제·경영계에서만 수리논술 문제를 출제한다. 난이도는 건국대와 비슷한 수준이다. **한국기술교육대**는 아예 인문계열이 없고 사회계열만 있으므로 중앙대, 이화여대 수준의 수리논술 문제가 출제된다고 보면 된다. **한국항공대**에서도 자율전공, 경영학과를 제외한 사회계열에선 위 대학에 준하는 난이도의 수리논술 문제를 출제한다.

최근에는 이들 대학과는 다른 양상의 수리논술 문제를 출제하는 대학도 출현했다. **가천대, 수원대, 삼육대, 한신대, 신한대, 상명대, 을지대, 한국기술교육대, 한국공학대** 등이 그에 해당한다. 이 대학들은 적성 고사를 시행하다가 논술로 전환했다. 그래서 수리논술이라고 하기보다 수능 수학 문제에 가까운 수리논술 문제를 출제한다.

수리논술인지 아닌지, 애매한 문제를 출제하는 대학도 제법 많다. 연세대를 비롯하여 대부분 대학에서 도표와 그래프를 해석하기를 요구하는 문제를 출제한다. 이 문제는 난이도가 높으면 웬만한 수리논술 문제보다 더 어렵다. 그리고 도표나 그래프 속에 숨어 있는 인문적, 사회학적 함축 의미를 찾아내어야 하므로, 평상시 미리 연습해 두지 않으면 속수무책이다.

많은 학생이 소홀히 하는 바가 이것이다. 수리논술 문제에 자신이 없으면 그런 대학을 피하면 된다. 그런데 도표·그래프 해석 문제는 모든 대학에서 출제한다고 봐야 한다. 그렇다면 수리논술 피하듯이 피할 수 없다. 피할 수 없다면 더 잘할 수 있도록 자신을 담금질할 수밖에 없다. 고1 때부터 미리 도표·그래프 해석 훈련을 해 둔다면 막상 고3이 되어 아주 유리한 위치에서 대입 논술에 임할 수 있을 것이다.

3. 정답이 있는 논술 문제를 출제한다.

동국대와 경북대, 부산대 등이 '정답'이 있는 논술 문제를 내는 경우가 많다. 2023학년도 동국대 모의고사 3번 문제는 도덕적 추론 삼단논법대로 명제를 구성하라는 문제를 출제했다. 2023학년도 경북대 2-1번은 "내연기관 자동차를 전기 자동차로 교체할 경우 10km당 얼마의 미세먼지로 인한 사회적 비용을 절감할 수 있는지"를 묻는다. 답은 18원이다.

부산대는 서술형 답안을 요구하고 있지만, 학생들의 능동적이고 적극적인 논술 능력 발휘를 요구하지는 않는다. 그래서 거의 정답이 있다고 봐야 한다. 이외에도 **인하대, 한국외대** 등의 대학에서도 간혹 정답이 있는 논술 문제를 출제하는 경우가 있다.

정답이 있다는 것은 무엇을 의미할까? 비판형이나 대책형 문제는 내지 않고, 오로지 분석형 문제만 낸다는 것이다. 그런 면에서 논술 시험을 치는 학생 입장에서 조금만 노력하면 그런 문제에 잘 대응할 수 있다. 그리고 채점자 입장에서도 편리하다. 정답을 못 맞추면 바로 실격 처리하면 되니까, 채점을 수월하게 할 수 있다.

4. 볼펜이나 사인펜만 허용하는 대학이 점점 늘어난다.

2020학년도 이전에는 몇몇 대학들, 즉 성신여대, 홍익대, 단국대, 서울여대, 동국대, 덕성여대 등의 대학만 연필이나 샤프 등의 필기구를 금지했다. 이런 필기구를 써서 답안을 작성하면 0점 처리했다. 그러나 2025학년도부터 볼펜이나 사인펜만으로 답안을 작성하기를 요구하는 대학이 점점 늘어난다. 그리고 필기구나 지우개, 수정액, 수정 테이프, 교정부호 등과 관련된 요구 사항이 더 복잡해졌다.

2025학년도에는 **경희대, 단국대, 덕성여대, 동국대, 서울여대, 성신**

여대, 세종대, 아주대, 한국항공대, 홍익대 등 10개 대학 논술에서 연필이나 샤프를 필기구로 쓸 수 없다. 게다가 지우개, 수정액, 수정 테이프, 교정부호 등의 사용 가능 여부도 대학마다 천차만별이다. 많은 학생이 이런 디테일을 놓친다.

경희대를 예로 들어 보자. 경희대는 자체 필기구로 볼펜을 학생들에게 지급한다. 그리고 반드시 그 필기구만으로 답안을 작성해야 한다. 그렇지 않으면 0점 처리한다. 또한 수정액이나 수

필기구	대 학
볼펜만 가능	경희대(대학 자체 필기구, 수정 테이프/수정액 ×), 단국대(흑색 볼펜만, 교정부호/수정 테이프 ○), 덕성여대(흑/청색 볼펜만, 지우개 ○, 수정액/수정 테이프 ×), 동국대(흑색 볼펜만, 교정부호/수정 테이프 ○), 서울여대(흑/청색 볼펜만, 수정 테이프 ○, 수정액 ×), 성신여대(흑색 볼펜만, 교정부호 ○), 세종대(흑색 볼펜만, 수정액/수정 테이프 ×), 아주대(흑색 볼펜만, 지우개/수정액/수정 테이프 ×), 항공대(흑색 볼펜만, 취소선 ○, 수정액/수정 테이프 ×), 홍익대(흑색 볼펜만, 수정액/수정 테이프 ×)
연필 샤프도 가능	가톨릭대(교정부호 ○), 건국대(지우개/수정 테이프 ○), 광운대(지우개/수정 테이프 ○), 서강대(지우개/수정 테이프 ○), 성균관대(단색 필기구, 취소선/지우개 ○, 수정액/수정 테이프 ×), 숙명여대(지우개 ○, 수정액/수정 테이프 ×), 숭실대(취소선/지우개 ○, 수정액/수정 테이프 ×), 연세대-서울/미래(교정부호/지우개 ○), 이화여대(교정부호/수정 테이프 ○), 인하대(지우개/수정 테이프 ○, 수정액 ×), 중앙대(수정액/수정 테이프 ×), 한국외대(지우개 ○, 수정액/수정 테이프 ×), 한양대(취소선/지우개 ○, 수정액/수정 테이프 ×), 고려대-서울/세종(지우개/취소선 ○, 수정액/수정 테이프 ×), 경북대(지우개/수정 테이프/취소선 ○), 부산대(지우개 ○)

정 테이프를 쓸 수 없다. 그런데도 쓴다면 0점 처리한다. 그런데 교정부호를 쓰지 말라는 말은 없다. 즉 답안 작성하다가 수정할 것이 있으면, 교정부호를 써서 수정하라는 의미이다. 그렇다면 경희대를 논술로 합격하고자 한다면 미리 볼펜으로 답안 작성하는 연습, 교정부호 써서 수정하는 연습을 해 두어야 한다.

5. 서-본-결의 3단 구성으로 글을 써선 안 된다. (단, 중앙대 1번 제외)

논술 제도가 처음 시행된 1995학년도에는 서-본-결의 3단 구성으로 글을 쓰는 것은 당연했다. 하지만 2005학년도부터 논술 문제는 한 문제가 출제되지 않는다. 두 문제, 혹은 세 문제, 심지어 네 문제도 출제한다. 기존에 한 문제로 내던 것을 잘게, 잘게 잘라서 이렇게 여러 문제로 내는 것이다.

1995학년도 이후 논술 전형이 시행되고 난 다음날, 신문에 대문짝만하게 뜨는 기사의 타이틀은 "하나같이 천편일률적인 글쓰기"를 한다는 것이다. 천편일률적이란 무엇일까? 이 학생의 답안이나 저 학생의 답안이나 별반 다르지 않다는 말이다. 그래서 누구를 합격자로 뽑아야 할지 모르는 지경까지 갔다는 말이

▶ 2025학년도 논술 문제 유형

대학	시간	문제별 글자 수	문제 유형
연세대-서울	120분	①-1: 600자, ①-2: 600자, ②-1: 600자, ②-2: 600자	영어 지문 도표, 수리
성신여대	100분	①: 800~1000자, ②: 800~1000자	
홍익대	120분	①: 1000자, ②: 1000자	
가톨릭대	90분	①: 300~350자, ②: 500~600자, ③: 500~600자	
경기대	120분	①: 750자, ②: 750자	
서경대	80분		국어8문 + 수학6문
숭실대	120분	①: 770자, ②: 880자	경상: 수리
성균관대	100분	글자 수 제한 없음	도표, 3문
단국대	120분	①-1: 200자, ①-2: 400자, ②: 600자, ③: 600자	도표
서울여대	90분	글자 수 제한 없음	도표, 2문
한국항공대	90분	①: 770자, ②: 770자	경상: 수리
건국대	100분	①: 600자, ②: 1,100자	도표, 경상: 수리
숙명여대	100분	①-1: 330자, ①-2: 660자, ②-1: 330자, ②-2: 660자	
경희대	120분	①: 900자, ②: 1200자	사회1: 도표, 영어, 사회2: 수리
서강대	100분	①: 1,000자, ②: 1,000자	
수원대	80분		국어9문 + 수학6문
동국대	100분	①: 400자, ②: 400자, ③: 700자	
가천대	80분		국어9문 + 수학6문
연세대-미래	120분	①: 1,000자, ②: 1,000자	

대학	시간	문제별 글자 수	문제 유형
한국기술교육대	100분		수학3문 + 사회2문
한양대-서울	90분	①: 1,200자	경상: 수리
세종대	120분	①: 500자, ②: 900자	
경북대	100분	평균 200자	AAT, 6문
부산대	100분	평균 350자	3문
고려대-세종	100분	평균 200자	5문
고려대-서울	80분	①: 700±50자 ②: 700±50자	
이화여대	100분	글자 수 제한 없음	3문, 인문: 영어, 경상: 수리
한국외대	100분	①: 400자, ②: 450자, ③: 500자	인문: 영어, 사회: 도표
중앙대	120분	①: 570자, ②: 570자, ③: 350자	경상: 수리
광운대	120분	①: 750자, ②: 750자	
덕성여대	90분	①: 500자, ②: 500자	
한국공학대	80분		수리 대문항 3문, 소문항 4문
인하대	120분	①: 600자, ②: 1,000자	도표
아주대	120분	①-1: 400자, ①-2: 600자, ②: 800자	
동덕여대	90분	①: 100±150자, ②: 800±100자	국어9문 + 수학6문
한신대	80분		국어9문 + 수학6문
삼육대	80분		국어9문 + 수학6문

* 표에서 ①, ②, ③은 문제 번호를 말한다.
* 논술형이면서 글자 수 제한 없는 대학: 성균관대, 이화여대, 서울여대.
* 약술형과 단답형이 섞인 대학: 수원대, 가천대, 한국기술교육대, 한국공학대, 한신대, 삼육대, 신한대, 상명대, 을지대

다. 그렇다면 왜 이런 사태가 벌어진 걸까?

당시의 논술 수험생 머릿속에는 논술이 수필이다. 혹은 논술은 미사여구 동원하기이다. 그래서 서론적인 글쓰기만 잘하면 훌륭한 논술 쓰기를 하는 것이라는 선입견 내지 편견을 가지고 있다. 1,000자 답안에서 600자 이상이 서론인 답안이 수두룩했다. 막상 써야 할 본론은 쥐꼬리만큼 썼다.

그러니 대학에서는 특단의 조치를 취한 것이다. 2005학년도부터 아예 본론만 쓰도록 각 문제당 글자 수도 줄이고 여러 문제로 나누게 된다. 최근 몇 년 전부터 연세대도 1,000자짜리 두 문제를 요구하다가, 600자짜리 네 문제를 요구하는 쪽으로 글자 수를 변경했다. 여타 대학도 모두 본론만을 요구하니 이것은 함정이라기보다 논술의 룰이 되어 버렸다.

다만 **중앙대** 1번 문제만 다르다. 네 개의 제시문에 대해 두 개의 키워드를 주고, 그 키워드를 중심으로 요약하되, 하나의 완결된 글쓰기를 하라고 요구한다. 글자 수는 550자~570자이다. 여기서 하나의 완결된 글쓰기를 하라는 요구 사항은 서-본-결 쓰기를 하라는 의미이다. 38개 대학 중 37개 대학이 그렇지 않은데 중앙대 1번만 이것을 요구한다.

통상 서론은 화제를 보여주는 역할을 하므로 30자 정도가 필요하다. 하지만 결론은 네 제시문의 핵심어 각각 두 가지를 모두 집약해서 드러내어 주어야 하므로, 적어도 100자가 필요하다. 그래서 서론과 결론 130자를 빼고 나면 본론은 440자가 남는다. 본론은 네 제시문에, 각각 두 개의 키워드를 중심으로 요약해야 하므로, 한 개 키워드 당 55자가 배분된다. 이렇게 해서 전체 570자 답안을 쓰기를 요구하는 것이다.

6. 왜 논술 문제 속에 함정을 파 놓는 걸까?

이유는 한 가지이다. 채점의 수월성 때문이다. 논술 전형 경쟁률은 여타 다른 전형보다 압도적으로 높다. 심한 경우 100:1, 200:1까지 간다. 100:1이라 해도 500명 선발에 5만 명이 온다는 말이 된다. 5만 명에다 한 개 논술 문제 세트가 보통 3문제이므로, 15만 개 답안을 채점해야 한다. 이것을 짧게는 열흘 만에 채점하자면 어느 정도의 인력이 동원되어야 할까?

물론 수능 최저가 있는 대학은 거의 절반이 아예 시험장에 오지도 않는다. 그래서 3만 명의 답안 9만 개를 채점한다고 하더라도 물리적으로 곤란한 것은 마찬가지이다. 그렇다면 논술 문제에 함정을 파 놓아서 그 함정에 걸려든 답안은 손쉽게 채점 대상에서 배제하는 방법을 동원할 필요가 있다. 대학 입장에서는 객관성, 공정성 등을 해치지 않으면서 효율적으로 채점을 진행할 수 있는 매우 적절한 방법을 발견한 것이다.

이렇게 함정에 빠지는 비율은 예상 밖으로 높다. 2/3는 함정에 빠져서 조기에 채점 대상에서 배제된다. 경쟁률이 워낙 높아서 조금만 삐끗해도 합격할 수 없으므로 함정에 빠진 답안을 배제하는 것은 절대 부당하지 않다. 학생 입장에서는 전혀 항변의 말을 할 수 없다. "함정이 있다는 것을 왜 미리 조심하지 않았니? 그건 네 책임이야."

그러고 보면 논술 전형의 실질 경쟁률은 명목상 경쟁률과 많은 차이가 난다. 수능 최저에 걸려서 시험장에 오지 않거나, 문제 속 함정에 빠져 배제된 것을 생각해 보면, 명목상 경쟁률이 100:1이라도 실질 경쟁률은 10:1 이하이리라고 짐작된다. 그리하여 수능 최저 맞추고, 함정에도 빠지지 않으며, 1년가량 착실히 논술 준비만 한다면 아주 수월하게 원하는 대학에 합격할 수 있지 않을까? 논술! 할 수 있다!!

7. 논술 전형 속에도 함정이 있다?

사실 논술 문제에만 함정이 있는 것이 아니다. 전형 그 자체에도 함정은 있다. 수험생이 조금만 주의를 기울이지 않으면 깜빡 속을 수 있는 것이다. 대표적인 것이 간호학과 논술 전형이다. 인문계와 자연계 모두에서 간호학과를 선발하는 듯 보이지만, 사실은 인문계 학생 중 자연계 학생만큼이나 수리논술을 잘할 수 있는 '능력자'만 선발한다.

경희대 간호학과는 마치 인문계와 자연계를 분리하여 선발하는 것처럼 보인다. 하지만 실제로는 인문계열 학생이 지원할 수 있을 뿐이지 인문 논술 시험을 치는 것은 아니다. 경희대 한의예과(인문) 수험생과 똑같이 사회2 논술을 친다. 이것은 자연 계열 논술의 수리 문제보다 더 어렵다.

그런 면에서 논술 전형에 숨어 있는 함정은 오히려 꿀-팁이 될 수 있다. **성신여대, 연세대-미래, 중앙대**는 실제로 인문계 논술로도 간호학과에 들어갈 수 있다. 인문계이면서 간호학과에 가고 싶은데 수리논술에 자신이 없는 학생에게 이보다 더 좋은 꿀-팁이 어디 있나? 물론 수능 최저가 높기는 하다.

▶ 논술 전형으로 간호학과에 갈 수 있는 대학들

대 학	간호학과 논술 전형에 숨은 함정
성신여대	인문 - 5명(2합 4): 인문계 논술, 자연 - 6명(2합 7): 자연계 논술
가톨릭대	계열 구분 ×, 18명, 수리, 3합 6
경희대	인문 - 4명(사회2 논술), 자연 - 4명(자연계 논술), 수리, 2합 5
수원대	계열 구분 ×, 15명, 약술형(국어, 수학), 수능 최저 ×
가천대	계열 구분 ×, 80명, 약술형(국어, 수학), 1합 3
연세대-미래	미래 - 7명(인문계 논술), 창의 - 7명(자연계 논술), 2합 4
한양대-서울	계열 구분 ×, 5명, 자연계 논술, 수능 최저 ×
경북대	계열 구분 ×, 13명, 자연계 논술, 2합 5
부산대	계열 구분 ×, 8명, 자연계 논술, 2합 5
이화여대	자연 - 5명, 2합 5
중앙대	인문 - 13명(인문계 논술), 자연 - 16명(자연계 논술), 3합 6
인하대	자연 - 12명, 수능 최저 ×

* 인문계 논술로만 간호학과를 갈 수 있는 대학: 성신여대, 연세대-미래, 중앙대

3부

논술 시험, 완벽 대비하기

❶ 합격하는 분석형 답안은 어떻게 쓸까?

1. 분석형 논술의 개념

분석을 영어로 analysis라고 한다. 여기서 ana는 뒤로 되돌린다는 뜻을 지닌다. 지금 눈앞에 있는 것을 뒤로 되돌려서, 원래의 모습을 드러나게 한다는 의미이다. 그러니까 analysis는 analogia와 같은 맥락을 지닌다. 아날로기아, 즉 아날로지는 우리말로 비유比喩 혹은 유추類推이다.

비유는 영어로 metaphor이고 유추는 '유비추리'의 준말인데 영어로 analogy이다. 둘 다 눈앞에 보이는 것과 눈에 보이지 않는 것을 견주어 생각한다는 공통점을 지닌다. 비유는 원관념이 추상적이어서 그와 공통점을 지닌 구체물에 빗대어 그 원관념을 알기 쉽게 만든다. 반대로 유비추리는 눈앞에 보이는 것을 실마리로 삼아 보이지 않는 것에까지 추리해 들어간다.

결국 분석이란 논술의 지문이나 도표·그래프를 보고 그 속에 숨어 있는 의미를 찾아내는 활동을 말한다. 겉으로는 보이지 않는 핵심만을 가려 뽑아 요약한다든지, 두 지문의 공통점과 차이점을 밝힌다든지, 도표나 그래프 속에 담긴 인문적·사회학적 의미를 도출해 내는 것이 분석이다.

2. 분석형 논술 답안 작성 요령

첫째, 출제자의 의도를 정확히 파악해야 한다. 이 문제가 단순 요약을 원하는 것인지, 아니면 비교·대조를 원하는 것인지, 또 아니면 인과 분석을 원하는 것인지 제대로 파악하는 것이 중요하다. 출제자가 의도하는 바를 정확히 알면, 그에 맞춰 좋은 답안도 쓸 수 있다.

둘째, 분석형의 여러 갈래를 미리 연습해 두어야 한다. 요약을 어떻게 해야 하는지, 비교해서 공통점은 어떻게 찾아내어야 하는지, 대조해서 차이점은 어떻게 찾아내어야 하는지, 원인과 결과는 또 어떻게 분석해야 하는지 등. 분석형은 사실 2개월만 착실히 연습하면 거의 '달인'이 될 수 있다.

다만 분석에도 깊이가 있다. 1차, 2차, 3차, 4차… 분석의 차수가 깊어지면 더욱 심도 있는 분석이 이루어지는 것은 당연하다. 대부분의 학생이 지문의 어휘나 구절, 문장 등을 단순 인용한다. 그것으로는 경쟁력 있는 답안을 쓰기에 부족하다.

지문에 나오는 어휘, 구절, 문장 등을 자기만의 언어 스타일로 옮겨 표현할 수 있어야 한다. 이 점은 남들이 미처 분석하지 못한 바를 분석하여 자신의 답안에 반영한다는 말과 동전의 양면 관계이다. 남다른 표현은 남다른 분석을 할 때 가능하다.

3. 분석형 논술 답안 예시 (학생 글)

✚ 분석형 예① : 2015학년도 성균관대 1번 문제

문제는 그다지 복잡하지 않다. 제시문 다섯 개를 주고, '정부가 종교 활동에 개입해야 하는지 여부'에 대해 서로 반대되는 견해를 모아서 요약하라고 요구한다. 특히 이 문제는 존 로크의

'종교적 관용' 개념을 중심으로 출제한 문제이다. 한 국가 안에서 타 종교에 대해 관용할 수 있는 태도야말로 민주주의 이념에 부합한다는 취지이다.

알다시피 성균관대, 이화여대, 서울여대는 글자 수 제한이 없다. 그래서 미리 연습이 되어 있지 않은 학생은 이 점 때문에 답안을 어떻게 써야 할지 막막할 수 있다. 성균관대는 제한 시간이 100분인데 3문제가 주어지므로, 그에 준하는 여타 대학의 분량을 염두에 두고 답안을 작성하면 되겠다.

성균관대 1번은 언제나 요약 분석형 문제로 출제한다. 그러나 단순 요약을 요구한다고 생각해선 안 된다. 두 상반된 입장으로 분류하고 요약하라고 요구하므로, 비교·대조 분석을 함께 해야 좋은 점수를 받을 수 있다.

언제나 강조하는 바이지만, 남들과 똑같이 써서는 합격할 수 없다. 남다르게 써야 비로소 합격의 문이 열린다. 그런데 성균관대 1번은 까딱 잘못하면 남들과 다를 게 없는 글을 쓰게 만드는 문제이다. 그래서 이 문제의 답안은 분석의 심도와 세밀도가 중요하다. 즉, 남들보다 더 깊이 있게, 더 자세하게 분석해서 자기만의 언어로 표현할 수 있다면 좋은 점수를 받을 수 있다. 학생 글을 예로 들어 보자.

제시문 [1], [3]은 종교 활동에 대해 정부가 개입하거나 규제해서는 안 된다는 입장이다. 제시문 [2], [4], [5]는 공익을 위하여 종교 활동에 대한 정부의 개입이나 규제가 필요하다는 입장이다.

제시문 [1]은 국가의 영역과 종교의 영역이 구분되어야 하고 둘 사이의 경계가 정해져야 한다고 주장한다. 또한 종교는 영혼의 구원과 관련된 것이라 어떤 방식으로든 국가에 속할 수 없다고 말한다. 정치권력과 종교는 상호 관용하고 공존해야 하며, 정치권력은 종교적 중립을 통해 궁극적으로 정치·사회적 평화를 도모해야 한다는 것이다. 제시문 [3]은 종교의 자유는 정신적 자유의 핵심이라 주장한다. 또한 정부가 종교 활동 규제와 무관한 일반적인 법률을 적용하는 과정에서 종교 활동의 자유를 제약할 가능성에 주목한다. 정부는 종교 활동을 제한할 수 있는 권한을 폐지해야 하고, 종교 활동을 제한하더라도 헌법에 명시된 범위에 국한되어야 한다는 것이다.

반면에, 제시문 [2]는 종교적 일원주의를 경계한다. 일원주의는 의견 충돌을 발생시키고 다양성을 훼손하여 타인과 갈등을 불러일으킬 가능성이 높다. 혹시라도 사회가 가치 일원주의에 빠지면 평화로운 발전을 도모할 수 없다. 따라서 국가는 가치 일원주의가 초래할 수 있는 갈등 요소를 진단하고 제한할 필요성이 있다. 제시문 [4]는 종교의 자유를 '특별한 권리'의 목록에서 제외하여 일반적 권리에 포함시켜야 한다고 주장한다. 종교 활동조차 일상생활과 별반 다르지 않으므로 특별한 권리일 수 없다. 그러므로 종교의 권리는 일반적 권리일 뿐이다. 따라서 종교 역시 법률에 따라 규제를 받아야 한다고 주장한다. 제시문 [5]는 우리가 나와 다른 사람을 서로 존중하고 존중받기 위해서 관용이 필요하다는 점을 강조한다. 그런데 주의해야 할 것은 관용을 위협하는 자들에게까지 무제한의 관용을 베푼다면, 그리고 불관용의 공격으로부터 관용적인 사회를 보호할 준비가 되어 있지 않다면, 관용이 파괴될 수 있다는 것이다.

수업 시간에 이 글을 썼던 학생은 2022학년도 세종대 호텔관광경영학과에 합격했다. 다니던 고등학교를 그만두고 2년 내내 도서관에서 혼자 공부하며 논술을 준비했다. 중간중간 어색한 표현이 있기는 하지만, 학생만의 심도 있는 분석과 정확한 표현력이 돋보인다.

✚ 분석형 예② : 2018학년도 한국외대 1번 문제

문제는 어렵지 않다. 제시문 [1]과 [2]의 요지를 300자 내외로 요약하라는 것이다. 그런데 제시문 [1]이 영어 지문이다. 13줄, 한 문단의 영어로 되어 있는 데다 플라톤 철학을 잘 알아야 독해할 수 있다.

게다가 함정도 있다. 여기 소개된 플라톤 철학과 제시문 [2]의 지문 내용이 상반된다. 바로 그 대립점을 찾아 답안에 반영하지 않으면 좋은 점수를 받기 어렵다. 그 대립점이 이 문제에 포함된 다른 작은 문제와도 연관되어 있기 때문이다.

> [1]의 플라톤은 글이 말을 대체할 수 없다고 주장한다. 왜냐하면 글로 작성된 단어는 철학적 진리를 충분히 담아낼 수 없기 때문이다. 이로 인해서 독자는 글쓴이가 의도한 것과 다르게 이해하게 되고, 진리에는 도달할 수 없게 된다. 따라서 플라톤은 전하고자 하는 바가 쉽게 왜곡되지 않는 대화법을 통한 접근이 중요하다고 본다. 이와 달리 [2]는 책이 보편화됨에 따라 생긴 변화를 긍정적인 시각에서 본다. 다수 대중들이 한글로 생활하고 쉽게 책을 접하게 되면서 문자 문화가 소수의 독점에서 벗어났기 때문이다. 또한 누구나 자신의

의견을 내고 내면세계를 표현할 수 있는 기회를 제공했기 때문이다.

수업 시간에 이 글을 쓴 학생은 2022학년도 경희대 철학과에 논술로 합격했다. 초기에 정말 애를 먹었다. 논술 글쓰기에 익숙해지지 않아서, 논리 정연함과는 거리가 먼 글을 쓰기 일쑤였다. 하지만 이 학생 역시 엄청난 노력파였다. 몇 번이고 '리라이팅'을 요구했는데, 끈기 있게 숙제를 해 냈다. 좋은 결과는 모두 학생 본인의 노력 덕분이었다.

✚ 분석형 예③ : 2016학년도 한국외대 3번 문제

"제시문 [2]의 예측에 관한 흄의 주장을 뒷받침하는 사례들을 〈그림 1〉에서 찾아 그 이유를 밝히고, 이와 더불어 〈그림 1〉과 〈표 1〉을 바탕으로 2009년과 2013년의 권역별 자료를 비교하여 한국 정부의 난민 인정 태도에 변화가 있는지 추론"하라고 요구한다. 데이비드 흄은 과거로부터 현재까지의 자료를 바탕으로 미래에도 이럴 것이라고 예측하는 것은 어리석다고 말한다. 그에 착안하여 한국 외교부의 난민 정책을 분석해 보라고 요구한다.

이 문제는 특히 도표·그래프를 정확히 해석할 수 있어야 한다. 그리고 그 해석한 바가 흄의 회의주의와 잘 부합한다는 점도 보여주어야 한다. 게다가 분석형이면서도 은근히 정책 실패의 잘못을 비판하는 태도도 드러내길 바란다. 그런데 어떤 문제가 있는지, 그 문제의 원인이나 이유는 무엇인지를 알아야 비판도 가능하다.

제시문 [2]에서 흄은 과거에 일어났던 일이 미래에도 똑같이 일어날 것이라는 보장이 없으며 그러한 예측은 정당화될 수 없다고 말한다. 〈그림 1〉을 보면 이 사실이 잘 드러나는데, 아시아권 난민 신청자 수는 2009년부터 2011년까지는 상승세를 보였지만, 가장 가파른 상승세를 보인 2010~2011년 이후 오히려 하락세를 보였다. 또한 중동권 난민 신청자 수는 2011년까지는 아주 적은 수에 머물렀지만, 2011년의 10명에 비해 2012년에는 162명으로 급증했다. 두 권역 모두 2011년 이후에는 그 이전과 전혀 다른 양상을 보여줌으로써, 과거의 일을 보고 미래의 일을 예측해선 안 된다는 흄의 견해를 잘 입증하고 있는 것이다.

〈표 1〉에 따르면, 〈그림 1〉과 같은 난민 수의 변화에도 불구하고, 한국 정부의 대처에는 크게 변함이 없다. 총 난민 수가 819명이었던 2009년에 인정한 난민이 74명인데, 총 난민

이 1,568명에 이르는 2013년에는 57명밖에 인정받지 못했다. 중동권 난민 인정자 수도 2012년부터 6명, 8명에 불과하며 갑자기 폭등한 난민 수를 예측하고 대응하지 못했다. 아시아권도 마찬가지로 실제 난민 수와 인정자 수 추이는 매우 다른 양상을 보인다. 이를 보면 한국 정부는 난민 수에 대한 적절한 예측에 실패했고, 이에 따라 제대로 대응하지도 못했다고 볼 수 있다.

수업 시간에 이 글을 쓴 학생은 2021학년도에 무려 3개 학교에 합격했다. 한양대 경영학과, 중앙대 경영학과, 경희대 경영학과. 그중 최종적으로 한양대 경영학과에 입학했다. 그러더니, 그 다음해에는 '반수'를 해서 또 논술 전형으로 한양대 파이낸스경영학과에 재입학했다. 한마디로 논술 하나만은 자신이 넘치는 학생이었다. 물론 수리논술에 대한 대비도 철저히 했다. 매주 빠지지 않고 한 편 이상의 논술 글을 써 올 만큼 노력한 덕분에, 좋은 결과도 얻을 수 있었던 것이다.

❷

합격하는 비판형 답안은 어떻게 쓸까?

1. 비판형 논술의 개념

영어 critic에 해당하는 헬라어는 kritik이다. 이 말은 객관적이고 공정하게, 그래서 사심이 개입되지 않은 채로 대상에 대해 잘잘못을 가린다는 의미를 지닌다. 그러니까 비판批判과 비난非難은 다르다. 비판은 근거와 이유를 들어 객관적이고 공정하게 잘잘못을 가르는 것을 말한다. 이와 달리 비난은 남의 흠결을 들추어내어 일부러 꾸짖는 것을 말한다.

논술은 비판을 해야지, 비난을 해서는 안 된다. 아무런 이유나 근거 없이 무조건 상대방을 헐뜯는 비난은 오히려 논술이 가장 꺼려하는 바이다. 그러므로 비판형 논술에서 가장 주의할 것은, 설득력 있는 이유와 근거를 제시하는 일이다. 그런 이유와 근거를 제시하지 못하면 비난이 되어 버린다.

비판형 논술은 '논술의 꽃'이다. 비판형 논술 문제는 각 대학이 합격자와 불합격자를 가르는 좋은 수단으로 생각한다. 바꿔 말하면, 비판형 논술을 잘 쓰면 합격할 수 있다는 말이다.

2. 비판형 논술 답안 작성 요령

비판형 논술에도 여러 하위 갈래가 있다.

첫째, '평가하시오' 형태. 이것은 '자신의 견해를 제시하시오' 유형과 별반 다르지 않다. 단순히 긍정/부정의 견해를 드러내기를 요구한다. 그런데 누구라도 이런 문제에 대해 답안을 작성하는 것은 어렵지 않다. 상투성을 벗어나야 한다. (모범 답안처럼 쓰면 떨어진다는 것과 같은 맥락이다.)

둘째, A의 관점에서 B를 비판하라는 문제 유형이다. 이 유형이 가장 흔하다. 이 유형의 좋은 답안을 작성하려면 어찌 해야 할까? A의 관점이 어떠한지, B라는 비판 대상은 왜 비판받아야 하는

지를 정확히 알아야 한다. 그리고 A의 관점과 B의 비판 대상이 어느 지점에서 만나 대립하거나 모순·충돌하는지를 살펴야 한다. 마지막으로, A의 관점에서 B를 효과적으로 비판하려면, 어떤 근거와 이유를 동원하는 것이 좋은지를 찾아낼 수 있어야 한다.

셋째, 옹호-논박형 논술 문제도 있다. 두 번째 유형을 더욱 확장한 형태이다. 두 번째 유형이 A의 관점에서 B를 비판하라고 요구했다면, 세 번째 유형은 A의 관점을 옹호하고, B를 비판하라는 것이다. 그리고 B의 관점을 지지하는 사람들이 반론할 것을 염두에 두고 재반론마저 준비하라고 요구하는 것이다.

비판형 논술의 능력은 '건전한 의심' 능력에 달려 있다. 물론 이것은 1년 만에 뚝딱 길러지는 것이 아니다. 어릴 때부터 '건강한 의심'을 할 수 있도록 훈련해야 한다.

다시 강조하자면, 비판에서 중요한 것은 두 가지이다. 첫째, 문제점을 발견할 줄 아는 눈이다. 대상의 문제점을 볼 줄 알아야 비판이 가능하다. 그리고 그 문제점이 발생하게 된 원인이나 이유도 살필 줄 알아야 한다. 둘째, 비판을 위한 설득력 있는 근거와 이유를 찾을 수 있어야 한다.

3. 비판형 논술 답안 예시 (학생 글)

✚ 비판형 예① : 2017학년도 숙명여대 문제

문제는 "[가]와 [나]의 논지를 통합적으로 요약하고, 이를 토대로 [다]에 나타난 A시와 언론의 반응을 비판"하라고 요구한다. 〈표〉와 제시문 [가], [나]는 비판을 위한 근거나 이유가 드러나 있고, 그것을 바탕으로 [다]의 현상을 비판해 보라는 것이다.

〈표〉는 내국인과 체류 외국인의 범죄건수 및 범죄율을 대비하여 보여준다. 도표를 보고 그것을 해석할 능력이 있는지 테스트하겠다는 뜻이다. 언뜻 보면 외국인 체류자가 훨씬 많은 범죄를 저지르는 것처럼 보이지만, 사실은 범죄의 흉악성 면에서나 비율 면에서나 내국인이 월등히 높다.

그리고 제시문 [가]에는 리프먼의 스테레오타입 개념이 나온다. 스테레오타입은 편견, 선입견이라 번역할 수 있다. 이것은 플라톤의 '동굴의 비유'와 상통한다. 제시문 [나]에는 뒤르켐의 일탈자, 베커의 국외자 개념이 나온다. 둘 다 사회 내집단을 결속시키기 위해 '공공의 적'을 만들게 된다는 주장을 한다.

이를 바탕으로 [다]를 비판해야 한다. [다]에 나오는 A시의 언론은 외국인 체류자의 범죄를 과장한다. 한둘의 범죄를 마치 외국인 체류자 전체의 범죄인 것처럼 확대 해석한다. 그것이 A시 원주민들 사이에는 결속을 다지는 계기가 될는지 모르지만, 맹목적인 배척과 배타심을 불러일으킨다.

그래서 이 문제에 대한 답안은 스테레오타입이 무엇인지, 그것이 사회 내에서 어떻게 작용하는지, 그런 작용에 근거와 이유는 있는지 등을 논증할 수 있어야 한다. 굳이 함정을 찾자면 도표를 문제 취지에 맞게 해석해야 한다는 것과 비판 근거와 비판 대상이 논리적으로 정합되어야 한다는 것이다. 이 문제에 대해, 수업 시간에 한 학생이 쓴 글을 예시로 들어 보자.

> [가]와 [나]는 사람들이 스테레오타입을 가지고 타인을 바라보는 경향에 대해 이야기하고 있다. 사람들은 그들의 문화가 공유하는 스테레오타입, 즉 편견에 따라 사물에 정의를 내린다. 또한, 그들은 이 편견으로 만들어진 유사환경에서 살아간다. 이 유사환경은 실제 환경이 아니라 다른 사람들에게 들은 갖가지 소문들과 이미지 등으로 구성되어 있는 허구의 세계다. 그러면서 그들은 자신이 알고 있는 것이 사실이라 굳게 믿는다.

사람들이 이방인을 바라보는 시선도 마찬가지다. 사회가 통합되려면 그 사회의 도덕과 규범을 공유하려는 계기가 마련되어야 하는데, 그 계기를 마련해 주는 사람이 바로 일탈자와 범죄자이다. 따라서 사회는 일탈자를 필요로 하고 특정인들이 그 역할을 해 주길 바란다. 여기서 특정인은 국외자로, 정상적인 구성원 모임 밖에 존재한다고 생각되는 이들이다. 이방인은 사회 구성원들과 동질성을 공유할 가능성이 낮기 때문에 사회는 이들을 국외자로 여겨도 마땅하다는 편견을 가진다.

[다]에서 A시의 시민과 언론들은 외국인을 자신의 사회 구성원으로 받아들이지 않고 있다. 그저 외국인 한 명이 저지른 범죄사건 하나로 외국인 혐오를 쏟아낸다. 〈표 1〉에서 제시된 바와 같이 내국인 범죄율이 외국인 범죄율보다 세 배는 더 높고, 건수로 따지면 내국인 범죄가 외국인 범죄보다 여섯 배 이상 많음에도 불구하고 말이다.

이 현상을 [가]와 [나]는 편견이 외국인 혐오를 부추긴 것이라고 비판할 것이다. [다]에서 A시의 여론은 외국인 범죄가 심각하며 외국인 거주가 많은 지역을 우범지역으로 여기고 있다. [가]에서 말한 것처럼 이 여론은 편견에 지나지 않는다. 왜 외국인이 거주하는 지역이 우범지역인지 설명할 근거가 없고, 실제로는 외국인 범죄보다 내국인 범죄가 더 심각하기 때문이다. 따라서 그들의 편견은 허구의 세계에서 기인한 것이라 볼 수 있다. 또한 [나]에서 언급된 사람들이 이방인을 국외자로 여기려는 편견이 [다]에서 그대로 드러난다. A시의 내국인들은 외국인들이 쓰레기 투기를 엉망으로 한다는 편견을 가지고 있으며, 범죄 예방 대책에도 외국인에 대한 우려는 전혀 하고 있지 않기 때문이다. 이는 그들이 외국인을 자신과는 다른 모임의 사람으로 생각하고 국외자로 여기는 것이라고 할 수 있다.

이 글을 쓴 학생은 2023학년도 한국외대 경영학과에 합격했다. 이 학생의 합격 비결을 묻는다면, 단연 성실함과 노력이라고 답할 수 있다. 그 누구보다 먼저 교실에 와서 논술 답안을 작성하고, 첨삭 지도 후에 리라이팅도 착실히 했다.

✚ 비판형 예② : 2014학년도 경희대 2번 문제

문제는 이러하다. "제시문 [마]가 말하고자 하는 바를 서술하고, 이를 바탕으로 제시문 [나]의 주인공, [다]의 화자, [라]의 '현자'의 태도를 비판"하라고 요구한다. 글자 수는 1,101자 이상 1,200자 이하이다. 경희대는 글자 수에 민감하다. 정해진 범위

안에서 답안을 작성해야 한다. 그러지 않으면 감점한다.

비판의 관점인 [마]를 근거나 이유로 삼아 [나], [다], [라]를 비판해야 한다. 즉 [나], [다], [라]는 모두 비판의 관점 [마]와 대립하되, 각각 다른 대립점을 형성한다. 그것을 구분하여 드러낼 수 있어야 한다. 게다가 [마]는 황지우의 시 「겨울-나무에서 봄-나무에로」이다. 현대시의 함축적 의미를 감상하거나 해석할 수 있는 능력까지 평가하고자 하는 것이다. 이 문제에 대해, 학생이 쓴 답안을 예시로 들어 보자.

> [마]는 봄이 와서 나무가 꽃을 피우는 것이 아니라 나무 스스로 꽃을 피워서 봄이 오는 것이라는 역설적인 인식을 보여준다. 이를 통해 어두운 현실을 직시하고 그에 대항하여 맞서 싸워야만 희망을 찾을 수 있다는 메시지를 전한다. 겨울에 나무는 영하 20도의 혹독한 현실을 그저 감내한 채 서 있다. 하지만 이내 그 현실을 극복해야 할 필요성을 깨닫고 온갖 고통을 견디며 스스로 꽃을 피워 마침내 봄날을 맞는다. 만약 나무가 꽃을 피우기 위한 노력을 하지 않았다면, 나무는 평생 겨울의 혹독한 현실을 견뎌야 했을 것이다.
>
> 이러한 관점에서 [나]의 주인공은 현실을 회피하고 소설이라는 가상의 공간으로 숨어 버린 인물이라 비판될 수 있

다. 그는 소설 속에서 여러 가지 현실적 문제들을 경험하며 슬퍼하고, 또 그 문제를 해결해 나가는 주인공을 보며 기뻐한다. 하지만 그러한 경험은 소설의 가상적 공간 안에서만 존재할 뿐, 진짜 현실의 문제에는 아무런 영향을 끼치지 못한다. 소설을 통해 얻은 경험과 깨달음은 진짜 현실의 문제를 극복하기 위해 이용될 때, 비로소 가치 있는 경험이 될 수 있다.

[다]의 화자는 [나]의 주인공과 달리 현실의 문제를 정확히 인식하고 있다. 하지만 그는 현실의 문제를 해결하려는 생각은 전혀 하지 않고, 자신은 세속에 물들지 않은 사람이라며 잘난 체한다. [마]의 입장에서 비판받아야 마땅한 인물이다. 그의 처신은 현실의 문제를 해결하기는커녕, 오히려 자신의 세속적인 명예를 드높이는 데에 도움을 준다. [다]의 화자는 현실의 문제는 방관하며, 자신을 우월한 위치에 놓아 세속적 명예만 얻으려는 비겁한 인물이라 할 수 있다.

[라]의 현자는 앞의 두 인물과는 또 다르게 [마]의 입장에서 비판할 수 있다. 현자들은 대중을 가르치며 돈을 번다. 하지만 그들이 진짜 지혜를 가르쳐주지는 않는다. 마치 사육사처럼 대중의 특성을 파악하여 대중이 원하는 말과 행동을 해줄 뿐이다. 이는 현자들이 대중이 가지고 있는 문제점을 해결하기는커녕, 그 문제를 이용해 금전적인 이득을 얻고 있다

는 것을 보여준다. 이러한 현자의 모습은 현실의 문제에 맞서 싸워 문제를 극복해야 한다는 [마]의 관점에서 마땅히 비판할 수밖에 없다.

수업 시간에 이 글을 쓴 학생은 나중에 2020학년도 연세대 사회학과에 합격했다. 고1, 10월 말부터 논술 준비를 시작했으니, 연세대 논술 시험까지 근 2년을 준비한 셈이다. 이 학생에게서도 발견할 수 있었던 미덕은 꾸준함이다. 내신이든 수능이든 논술이든 가리지 않고, 자신이 세운 계획대로 꾸준히 공부했다. 이것은 상위권 대학에 진학하는 학생들 대부분이 공통적으로 갖고 있는 특징이기도 하다.

❸
합격하는 대책형 답안은 어떻게 쓸까?

1. 대책형 논술의 개념

대책에 해당하는 영어는 solution이다. 헬라어로는 lysi에 해당한다. 엉켜 있는 문제를 하나씩 풀어 내는 것이 대책이다. 그러니까 대책형 논술은 언제나 문제적 상황이 전제된다. '문제 → 이유/원인 분석 → 해결책'이거나 '문제 → 부정적 효과 분석 → 대안'이다.

대책은 둘로 나누어지는데 하나는 '해결책'이고 다른 하나는 '대안'이다. 해결책은 문제점에 대한 이유/원인을 분석했으니, 그 이유와 원인을 제거하는 방향으로 대책을 제시하면 된다. 대안은 문제적 상황이 일으킬 수 있는 부정적 효과를 예상하고, 그런 부정적 효과가 유발되지 않도록 대체할 수 있는 방안을 제시하면 된다.

대책형의 특징이 여기서 드러난다. 대책형 논술은 해결책이든 대안이든 상관없이 선행하는 사항과의 논리적 연결성을 잃어선 안 된다. 문제의 원인이나 이유를 분석했다면, 그에 대한 해결책을 내놓아야 하고, 문제가 일으키는 부정적 효과를 분석했다면 그런 부정적 효과를 일으키지 않는 대안을 제시할 수 있어야 한다.

2. 대책형 논술 답안 작성 요령

실전에서 대책형 논술은 각양각색이다. 불과 50자 미만으로 대책을 내라는 대학도 있고, 500자 넘는 분량으로 대책을 제시하라는 대학도 있다. 주로 하위권 대학은 50자 미만의 대책형 논술을 요구한다. 상위권 대학일수록 500자 넘는 분량의 대책을 요구한다.

대책형 논술문 작성은 어렵다. 다양한 문제적 상황에 대해 진지하고 심각하게 고민하지 않으면, 명쾌하면서도 구체적인 대책을 내놓을 수 없다. 당연히 '남다른' 논술문을 작성해야 합격한다. 그러려면 1년 이상 꾸준히 공부하고 연습해야 한다.

3. 대책형 논술 답안 예시 (학생 글)

✚ 대책형 예① : 2018학년도 서강대 문제

문제는 "삶의 방식에 대한 [가]와 [나]의 견해를 대비하고, 이 둘을 조화시키려면 어떻게 해야 하는가에 대해 [다]~[바]를 활용하여 논술"하라고 요구한다. 이 문제는 인간이 왜 중용의 방법으로 살아야 하는지를 논술하라는 것이다. 즉 중용의 방법이라는 대책을 동원해야 하는 철학적 근거와 이유를 고찰하기를 요구하는 문제이다. 그래서 난이도는 최고 레벨이다. 왜 중용의 자세로 살아야 하는지를 철학적으로 사색해 본 수험생이 도대체 몇이나 될까? 문제 자체의 난이도가 워낙 높으니, 서강대는 굳이 논술 문제 안에 함정을 파 놓지 않는다.

이런 문제는 특히 철학 공부의 바탕이 필요하다. 만약 아리스토텔레스의 중용 개념을 아는 학생이라면 훨씬 수월하게 접근할 수 있었을 것이다.

[가]는 타인의 비판 혹은 비난을 받더라도 자신의 선량함, 도덕적임을 잃지 않는 것을 중시한다. 반면에 [나]는 타인을 배려하는 겸손한 태도를 중시하는 입장으로서 타인에게 불쾌한 말을 삼가고 고운 말을 쓸 것을 강조한다. 이러한 대비되는 삶의 방식이 조화될 수 있기 위해서는 [다], [라], [마], [바]의 방식이 참조될 필요가 있다.

[다]에서 제시한 바, 중용, 즉 지나치게 모자라거나 지나치게 넘치지 않는 자세가 필요하다. 여기서의 중용을 적용함으로써 과도하게 자기 자신을 중시하는 독단적 태도나 지나치게 수동적으로 타인만을 중시하는 자세를 방지하여 자신뿐만 아니라 타인 또한 중시할 수 있는 조화로 나아갈 수 있다.

[라]에서 제시한 두 종류의 인지, 즉 기수와 코끼리의 관계에 주목해야 한다. 이 관계에서 기수는 코끼리의 시중을 드는데, 이는 직관을 정당화하기 위한 근거로 만들어 낸다는 의미이다. 이것은 직관이 반드시 정당성을 근거로 하는 것은 아니라는 것으로, 이를 확신이 아닌 의심을 가지고 판단해야 하는 것이다. 이러한 태도는 자신을 중시하면서도 동시에 자신이 잘못한 것은 없는지 성찰하며 타인의 비판은 수용할 줄 아는 자세와 연관되므로 결국 [가]와 [나]의 삶의 방식이 조화를 이루는 것이 된다.

그리고 [마]가 언급하듯이 상황 속에서 상대적으로 더 좋음과 나쁨을 결정하는 성향과 기술을 함양해야 한다. 그러한 함양은 결국 도덕적 성장으로 이어지게 되며 대립하는 여러 관점들을 조화시키는 방식으로 이해하도록 하는 태도가 된다. 그러므로 [마]에서 제시한 성향과 기술을 함양한다면 대립되는 [가]와 [나]의 태도가 조화를 이루도록 할 수 있는 것이다.

[바]의 투치는 '나'와 '남'을 나눌 수 없다고 주장한다. '나'는 나뿐만 아니라 관계된 타인의 내면에도 존재하기 때문이다. 이는 타인도 마찬가지로 내가 중요한 만큼 타인 또한 그러함을 의미한다. 이를 [가]와 [나]의 방식에 적용시켜 보면 결국 모두를 중시하는 조화의 길로 나아간다는 것을 알 수 있다.

이 학생은 2021학년도 서강대 영문과와 부산대 영문과에 동시에 합격했고, 서강대 영문과에 입학했다. 이 학생도 처음에 논술 글쓰기 바탕이 부족해서 아주 곤욕을 치렀다. 어쩔 수 없이 글쓰기 기초부터 하나하나 공부할 수밖에 없었다. 하지만 그렇게 뒤처졌는데도 엄청난 성실성으로 자신 앞에 놓인 문제를 돌파해 나갔다. 어느 날은 논술 글쓰기 숙제를 스무 편 해 온 적도 있었다.

❹
적합한 '논리 구조' 찾기

1. 띄어쓰기, 맞춤법, 예쁜 글씨는 중요한가?

띄어쓰기, 맞춤법, 예쁜 글씨 등은 채점 기준에 포함되어 있지 않다. 그런데 생각해 보라! 띄어쓰기, 맞춤법이 엉망인데도 채점자는 좋은 점수를 줄 수 있을까? 그리고 띄어쓰기, 맞춤법이 엉망인데 내용은 훌륭하게 쓰는 학생은 도대체 몇이나 될까?

이것은 말도 안 되는 착각이다. 글쓰기의 기본도 되어 있지 않은 학생이 그 기본기와는 상관없이 훌륭한 내용의 논술문을 작성한다는 것은 불가능하다. 글로 표현하는 능력은 사고 능력과 직결되어 있기 때문이다. 사고 능력이 모자라면 표현 능력도 따라서 모자란다.

그래서 띄어쓰기, 맞춤법, 원고지 사용 방법, 교정부호 사용 방법 등을 바르게 쓰고 글씨도 단정한 학생의 답안은 알게 모르게 좋은 평가를 받을 수밖에 없다. 답안에 쓰인 글씨가 무슨 말인지 알아볼 수 없는데 어떻게 좋은 점수를 준단 말인가? 평소에 띄어쓰기, 맞춤법, 원고지 사용 방법, 교정부호 사용 방법 등을 미리 연습해 두자. 시험장에 가서 이 점을 깨닫는 것은 얼마나 어리석은가?

예쁜 글씨는 좀 다른 차원의 문제이다. 모든 학생이 예쁜 글씨를 쓸 수 있는 것은 아니기 때문이다. 그렇다면 예쁜 글씨를 목표로 설정하지 말아야 한다. 그런 목표는 설정해 봤자 달성할 수 없으니 말이다. 예쁜 글씨보다 '알아볼 수 있는 글씨'가 목표가 되어야 한다. 자기 자신이나 채점자 모두가 객관적으로 알아볼 수 있는 글씨를 쓸 수 있도록 목표를 설정해야 한다. 다시 초등학생이 되어 글씨를 배운다고 생각하고, 또박또박 쓰는 연습을 할 필요가 있다.

2. 답안을 작성하는 적합한 '논리 구조'가 필요하다.

그러나 이것보다 훨씬 중요한 문제가 남아 있다.

논술 글쓰기의 형식적인 측면에서 합격과 불합격을 결정짓는 것은 '논리적 구조'이다. 그 문제에 가장 적합한 논리 구조로 답안을 작성해야 좋은 점수를 받을 수 있다. 이것은 쉽지 않다. 문제의 표면에 나와 있는 대로 글을 쓰다 보면 적합한 논리 구조에서 멀어지기 십상이다. (이것이 출제자가 파 놓은 마지막 함정인지 모른다.)

하지만 이 논리 구조의 유형이 너무나 많아서 문제마다 다른 유형이 있다고 해도 과언이 아니다. 그래서 농담처럼 "논리 구조는 1,000가지 유형이 있다"고 말하곤 한다. 어쩔 수 없이 수험생이 직접 문제와 지문을 보고, 각 문제에 가장 적합한 '논리 구조'는 무엇일지 적극적으로 생각해 보는 연습을 반복하는 수밖에 없다. (물론 출제자는 자신이 출제한 문제에 가장 적합한 논리적 흐름을 머릿속에 그리고 있을 것이다.)

동일한 비교 분석형 답안이라도 상황이나 경우에 따라서 다른 논리 구조를 취해야 한다. 만약 비교 대상이 A와 B, 둘이라면

통상

1단락: A의 [a●] → [a●●] → [a●●●],

2단락: B의 [b●] → [b●●] → [b●●●]

의 논리적 순서로 글을 쓴다. 즉 두 단락 쓰기를 하는 것이다.

하지만 다른 수험생이 모두 이렇게 쓰는데 '나'도 이렇게 쓴다면, '나'의 답안이 남다른 답안이 될 수 없다. 그래서 남달리 이런 논리 구조로 쓸 필요가 있다.

1단락: A의 [a●]와 B의 [b●] 비교,

2단락: A의 [a●●]와 B의 [b●●] 비교,

3단락: A의 [a●●●]와 B의 [b●●●] 비교.

즉 세 단락 쓰기를 하는 것이다.

물론 이렇게 세 단락 쓰기를 할 여지가 없는데 무리하게 해서는 안 된다. 하지만 이렇게 세 단락 쓰기를 하면 훨씬 좋은 비교 분석형 답안을 쓸 수 있는데, 그렇게 하지 않는 것은 어리석은 일이다. 여기서 세 단락 쓰기를 하면 왜 좋을까? 각 단락별로 비교의 기준점을 정해 A와 B의 공통점이나 차이점을 즉각적으로 견주어 보여줄 수 있다.

3. 적합한 '논리 구조' 예시

✚ 논리 구조 예① : 2016학년도 한양대 문제

문제는 이렇다. "[가]의 내용을 근거로 [나]와 [다]에 나타난 각각의 시간 특성을 설명하고, [가] 지문의 밑줄 친 ㉠과 ㉡에 대해 구체적인 사례를 들어 서술하시오."

이 문제의 표면적인 논리 구조는 '[가] → [나], [다] → ㉠의 사례 → ㉡의 사례'이다. 즉 4단 구성으로 글쓰기를 하면 될 것 같다. 그러나 그것은 엄청난 착각이다.

이 문제는 두 가지 시간을 대비한다. 크로노스의 시간과 카이로스의 시간. 크로노스의 시간은 공적 시간, 국가나 사회가 개인에게 강요하는 시간, 정밀하고도 엄밀한 시간, 자본주의가 잘 돌아가도록 만드는 시간, 전체주의로 발전할 수 있는 시간이다.

반대로 카이로스의 시간은 사적 시간, 영적 경험의 시간, 인간이 주인이 되어 마음껏 쓸 수 있는 시간, 시인이나 예술가의 시간, 주관적이고 상대적인 시간, 전체주의에 반대하여 개별성, 특수성을 강조하는 시간이다.

[가]에는 ㉠과 ㉡이 다 있고, ㉠은 [나]의 시계가 정밀해지는 과정과 연관되고, ㉡은 [다]의 이승훈의 시 「너를 만난 날」과 연관된다. 그렇다면 이 문제에 대한 논술 답안은 '[가] → [나], [다] → ㉠의 사례 → ㉡의 사례' 형태의 구조가 되어선 안 된다.

이것을 세분화해 보면 명확히 알 수 있다. '[가]의 크로노스, 카이로스 → [나]의 크로노스, [다]의 카이로스 → ㉠ 크로노스 사례 → ㉡ 카이로스 사례' 이런 구조에서는 각각의 크로노스와 카이로스가 단절적으로 배치될 수밖에 없다. 크로노스는 크로노스끼리, 카이로스는 카이로스끼리 모아서 글을 써야 명확히 대비되지 않겠나? 그리고 그렇게 해야 논리적 흐름이 자연스럽지 않겠나?

그렇다면 크로노스의 시간과 관련된 것들을 앞에 배치하고, 카이로스의 시간과 관련된 것들을 뒤에 배치해야 출제자의 의도에 가장 부합된다. 즉 '[가]의 ㉠ → [나] → 크로노스의 사례 → [가]의 ㉡ → [다]의 시 해석 → 카이로스의 사례' 등의 논리 구조이어야 가장 훌륭한 논술문이다. 결국 이 문제에 가장 적합한 단락 수는 6 단락이다.

✚ 논리 구조 예② : 2023학년도 성균관대 모의 2번 문제

문제는 이렇다. "자료 [1]과 자료 [2]가 각각 [문제 1]의 두 입장 중 어느 쪽을 지지하는지 설명"하기를 요구한다. 두 개의 도표·그래프를 해석해서 인간 행동의 기준이 감정이라는 주장과 이성이라는 주장 중 어느 쪽을 지지하는지 설명하라는 것이다.

이 문제에는 함정이 있다. "어느 쪽을 지지하는지~"라는 문구는 자칫 두 자료가 공통적으로 어느 한 쪽만을 지지하니까, 감정인지, 이성인지 한 쪽만을 지지하는 답안을 쓰라고 요구하는 것으로 착각할 수 있다. 그러나 이 문제는 경우의 수 세 가지를 모두 포함한다. 감정을 지지하는 경우와 이성을 지지하는 경우, 그리고 감정과 이성을 둘 다 지지하는 경우.

이 중 정답은 세 번째이다. 자료 [1]은 인간의 행동이 감정에 기반한다는 것을 지지하고, 자료 [2]는 인간의 행동이 이성에 기반한다는 것을 지지한다. 그러므로 흔히 머리에 떠올릴 수 있는 구조는 '자료 [1] 해석 → 감정이 인간 행동의 기반 → 자료 [2] 해석 → 이성이 인간 행동의 기반'이면 좋을 듯해 보인다.

하지만 이 정도로는 합격을 보장할 수 없다. 웬만큼 논술 준비를 한 학생들이라면, 대부분 이런 논리 구조로 답안을 작성한다. 그러니 이렇게 쓰면 '남다른' 답안이 되지 않는다.

출제자는 어떤 의도로 이 문제를 출제했을지 곱씹어 보자. 자료 [1]을 해석해 보니 인간의 행동은 감정에 근거한다는 것으로 나오고, 자료 [2]를 해석해 보니 이성에 근거한다는 것으로 나온다. 이 둘을 종합해 보면, 인간 행동은 감정이나 이성 등 단일한 기준에 근거하지 않는다. 어떤 때는 감정이 앞서고, 다른 때는 이성이 앞선다. 그래서 인간 행동을 획일적인 기준으로 설명하는 것은 편협할 수밖에 없다.

따라서 '자료 [1] 해석 → 감정이 인간 행동의 근거 → 자료 [2] 해석 → 이성이 인간 행동의 근거' 구조에다 마지막에 이런 내용이 추가되면 좋겠다. "결론적으로 인간은 감정과 이성 중 어느 하나에만 근거하여 행동하는 게 아니다. 어떤 때는 감정이, 다른 때는 이성이 근거가 되어 인간 행동이 나온다. 그러므로 인간의 행동은 획일적인 근거로 설명해선 안 된다."

이런 결론을 쓰지 않은 논술 답안은, 실컷 분석해 놓고 그 분석을 종합한 결론은 내리지 않은 불완전한 구조가 되어 버린다. 불완전한 답안인데도 고득점하리라고 기대할 순 없다. 웬만하면 이 정도 답안은 제출할 것이기 때문이다.

4. 논리 구조를 신경 쓸 필요 없는 대학도 있다.

물론 논리 구조를 신경 쓰지 않아도 되는 대학도 있다. 대표적인 경우가 동국대이다. 불과 350자 안에 요구되는 작은 문항이 4~5문항이다. 이런 경우 그냥 문항이 요구하는 대로 따라 쓰면 된다. 그러나 이런 대학보다 논리적 구조를 중시하는 대학이 훨씬 많다는 것을 간과해선 안 된다.

에필로그

다시 한번! 논술은 철학이다!

2022년에 『아렌트와 논술하기』를 펴낼 당시만 해도 나조차 이런 생각이 들었다. "철학자 한나 아렌트와 논술이 무슨 관계가 있나? 내가 너무 무리수를 두는 게 아닌가? 아무리 논술 문제에 한나 아렌트가 많이 나오기로서니 책 제목을 '아렌트와 논술하기'로 붙이다니…." 그러나 아렌트 철학을 공부하면 할수록 책 제목을 참 잘 잡았다는 확신이 들었다.

아렌트는 '난간 없는 사유'를 하라고 권한다. 후방의 안전지대에서 하는 사유는 사유가 아니다. 난간 없는 위험 지대의 끝까지 사유를 밀고 가라. 아렌트의 외침은 고스란히 수험생에게 지침이 된다. 논술 문제 속에 담긴 문제의식, 사태의 심각성, 위험성을 인지하지 못한 채 좋은 논술문을 쓸 순 없기 때문이다.

또한 아렌트는 '능동적으로 파리아 되기'를 하라고 권한다. 여기서 '파리아'Pariah란 "버림받은 사람, 불가촉천민" 등을 뜻한다. 적극적이고 능동적으로 '파리아'가 되라. 그래야만 이 세계의 진실을 볼 수 있다. 이것은 수험생에게 얼마나 중요한가? 논술 문제는 대부분 사회적 소수자, 약자 문제를 다루기 때문이다. 그들이 겪는 아픔을 느끼지 못하고서 출제자의 의도를 읽는 건 불가능하기 때문이다.

아렌트만이 아니다. 과거에 살았던 무수한 철학자들은 저마다 자기 시대를 온몸으로 밀고 나갔다. 가장 위험한 곳에서 사유하고, 가장 약자와 함께 사유했다. 교과서만 달달 외우는 안전지대 안에는, 풍족하고 여유로운 생활을 즐기는 '파브뉴' Parvenu가 되어선 사유가 일어나지 않았다.

그러니 논술은 글짓기 기술이 아니다. 기술이나 요령만 좀 안다고 좋은 논술문을 쓸 순 없다. 논술은 철학이기 때문이다. 치열하게 자기 시대를 고민하는 철학자의 정신으로 임해야 비로소 좋은 논술문도 쓸 수 있기 때문이다.

작년에 이어 『힘내라 논술 2025』가 "논술은 철학이다"라는 인식을 더욱 널리 전파할 수 있으면 좋겠다. 그리고 당연한 말이지만, 논술로 대학 가고자 하는 학생이나 논술을 잘 가르치고 싶은 선생들에게도 작으나마 도움이 되면 좋겠다.

힘내라 논술 2025

초판 1쇄 발행 2024년 6월 17일

지은이 리강
펴낸이 오은지

펴낸곳 도서출판 한티재
등록 2010년 4월 12일 제2010-000010호
주소 42087 대구시 수성구 달구벌대로 492길 15 전화 053-743-8368
팩스 053-743-8367 전자우편 hantibooks@gmail.com
블로그 blog.naver.com/hanti_books
한티재 온라인 책창고 hantijae-bookstore.com

ISBN 979-11-92455-54-9 53370